일생에
한 번은
남미로
떠나라

갓 메이드,
남미의 품에
안기다

일생에 한 번은 남미로 떠나라

최희주 글·사진

일생에 한 번은 남미로 떠나라
갓 메이드, 남미의 품에 안기다

초판 1쇄 인쇄 2013년 12월 11일
초판 1쇄 발행 2013년 12월 24일

지은이 최희주

펴낸이 김찬희
펴낸곳 끌리는책

출판등록 신고번호 제25100-2011-000073호
주소 서울시 구로구 오류동 109-1 재도빌딩 206호
전화 영업부 (02)335-6936 편집부 (02)2060-5821
팩스 (02)335-0550
이메일 happybookpub@gmail.com

ISBN 978-89-90856-60-9 13980
값 15,000원

• 잘못된 책은 구입하신 서점에서 교환해드립니다.
• 이 책 내용의 일부 또는 전부를 재사용하려면 반드시 사전에 저작권자와 출판권자의 동의를 얻어야 합니다.

머리말

'남미앓이'가 시작되다

　남아메리카(이하 '남미'로 표기), 재작년까지만 해도 나에게 '남미'라는 이름은 아주 생소했다. 문명이 발달하지 않은 척박한 땅이라는 정도만 알 뿐 특별히 느껴지는 바도 없었다. 브라질이나 칠레처럼 익숙한 나라들도 있었지만, 과테말라나 에콰도르, 볼리비아처럼 이름만 겨우 들어본 나라들도 많았다. 그런 내가 남미를 여행하게 될 줄이야.

　남미 여행은 학자금 대출을 다 갚은 나에게 스스로가 주는 특별한 선물이었다. 이왕이면 뭔가 의미 있는 곳, 인간이 만든 건축물 같은 것이 아니라 신이 만든 자연을 내게 선물하고 싶었다. 그때 문득 1년여 전에 에콰도르로 떠난 친구 수영이 떠올랐다. 한국국제협력단KOICA 소속으로 에콰도르에 머물며 해외봉사활동을 하고 있는 수영의 도움을 받으면 한결 수월하게 여행을 시작할 수 있을 것 같았다. 남미 문화나 에스파냐어 등 뭐

하나 확실히 아는 것은 없었지만 친한 친구가 거기 있다는 이유 하나만으로 용기가 불끈 솟았다. 마침 친구 지영도 남미에 갈 계획을 세우는 중이어서 서로 뜻이 맞았다. 그렇게 우리 두 사람은 수영이 있는 에콰도르를 기점으로 3개월 동안 함께 남미를 여행하게 되었다.

나를 통해 내 주변 사람들은 남미에 대한 인식을 많이 바꾸었다. 내가 직접 찍은 사진과 글을 SNS에 올리자 "그 먼 데까지 왜 가나 했는데…… 이래서 남미에 가는구나!", "나중에 다녀온 루트 좀 알려주라~ 나도 도전해보게~"라는 이야기가 여기저기서 들려왔다. 그리고 이제는 내 주변 사람들뿐만 아니라 나와 관계없는 모든 사람들이 이 책을 통해 남미 여행을 꿈꾸었으면 하는 바람이다.

유럽과 미국에서 가까운 남미는 서양인들에게는 꽤 잘 알려진 배낭여행지다. 관광산업이 발달한 도시들도 많아서 생각보다 여행하기가 불편하지 않았다. 소금사막으로 유명한 볼리비아의 우유니Uyuni만 빼고 숙소에서 와이파이가 안 되는 곳이 없었고, 무엇보다 남미는 '갓 메이드God made'를 오감으로 느낄 수 있는 곳이었다.

여행의 내공이 어느 정도 쌓인 사람이라면 이 차이를 알 것이다. 갓 메이드와 맨 메이드Man made의 차이를 말이다. 유럽은 맨 메이드를, 남미는 갓 메이드를 주로 보러가는 곳이다. 예를 들면 유럽은 콜로세움이나 에펠탑을, 그리고 남미는 빙하나 사막을 보러가는 것이다. 이 두 가지 차이를 좀 더 이야기해보면 이렇다.

<u>첫째, 느껴지는 감동이 다르다.</u> 다이놀핀이라는 호르몬에 대해 들어봤는가? 다이놀핀은 엔도르핀의 4천 배나 되는 효과를 발휘하는데, 인간의

면역체계에 강력한 긍정적 작용을 일으키고 암까지 공격한다고 한다. 이 다이놀핀이 나오는 네 가지 상황 중 하나가 자연의 아름다움에 압도당했을 때다. 유럽 배낭여행을 다녀온 사람들에게 가장 기억에 남는 곳이 어디냐고 물어보면 나를 비롯한 많은 사람들이 '스위스'라고 대답한다. 유럽에서도 스위스는 갓 메이드에 속한다. 그만큼 다른 어떤 맨 메이드보다 다이놀핀이 많이 분비되기 때문에 스위스를 가장 먼저 꼽지 않나 싶다. 갓 메이드는 스케일부터가 다르다. 신이 만든 것들을 보면 우리는 그 앞에서 한없이 작은 존재임을 새삼 깨달으면서 마음이 겸손해진다.

<u>둘째, 쉽게 볼 수 없다.</u> 맨 메이드는 대부분 기차나 버스 같은 이동수단을 타고 가서 쉽게 볼 수 있는 것들이다. 하지만 갓 메이드, 특히 남미에 있는 것들은 트레킹을 통해 볼 수 있는 것이 많다. 체력과의 싸움이 필수다. 봉우리 하나를 보려고 3~4시간을 걸어 올라갔다가 내려와야 한다. 버스가 중요한 이동수단인 이곳에서는 24시간 혹은 2~3일씩 버스를 타고 가는 구간도 있다. 그래서 체력이 중요하다. 한 살이라도 젊어 팔팔할 때 가야 더 많은 것을 보고 즐길 수 있다.

그런데 남미 여행에는 돈이 많이 든다. 특히 왕복 비행기값이 수월찮이 드는데, 그래선지 경제적으로 여유 있고 시간이 많으신 어르신들을 그곳에서 많이 볼 수 있었다. 그런데 그분들은 이동하는 것만으로도 너무 힘들다고 하셨다. 신이 만든 대자연을 눈앞에 두고도 제대로 즐길 수 없는 분들을 보면서 "아, 남미는 체력이 좋을 때 와야겠구나. 교통 편리하고 시설 좋은 유럽은 나이 들어도 충분히 즐길 수 있을 테니!"라고 느꼈다.

<u>셋째, 생명이 있다.</u> 갓 메이드는 생명이 살아 숨 쉬지만 맨 메이드는 차갑게 느껴진다. 사람도 생명체다. 그래서 같은 생명체인 갓 메이드에게서 더 큰 힐링의 효과를 얻고 영감을 받는 것이다. 등산을 하면서 복잡했던 생각이 정리되고 답답했던 마음이 뻥 뚫리는 경험을 한 적이 있을 것이다. 많은 사람들이 멀리 오로라나 빙하를 찾아가거나 가까운 자연 속에서 주말 시간을 보내는 것도 다 이 때문이다. 세상에 치여 삶이 버거운 사람들은 자연에서 위안을 받는다.

어쩌면 '갓 메이드'와 '맨 메이드'라는 개념 자체가 생소할지도 모른다. 여행을 하면서 그런 생각 자체를 안 해봤을지도 모른다. 하지만 우리는 무의식적으로 자연을 찾아, 다시 말해 알게 모르게 갓 메이드를 찾아 여행을 떠난다. 이름 모를 산과 들, 바닷가에서 캠핑하는 꿈을 꾸기도 한다. 갓 메이드를 무한정으로 볼 수 있는 여행, 대자연의 신비를 온몸으로 느낄 수 있는 여행을 하고 싶다면 남미로 가자.

만약 여기까지 읽었는데도 흥미가 생기지 않는다면 책장을 덮어도 좋다. 혹 남미를 가본 적이 있다면 지금부터 '남미앓이'를 시작할 준비를 하자. 남미를 직접 느끼고 와서 이 책을 읽는다면 분명 그때 기억이 떠올라 다시 가고 싶어질 것이다. 마치 잊고 지내던 첫사랑을 떠올린 것처럼……. 만약 남미에 대해 듣도 보도 못했는데 '웬 갓 메이드?' 하는 궁금증이 일어난다면 호기심과 설렘을 갖고 책장을 넘겨주길 바란다. 갓 메이드가 주는 남미의 매력에 푹 빠져들 것이다.

자, 이제부터 시작하자. 레드 썬~!

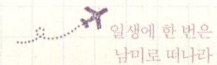

90일간의 남미 여행 루트
리마 In 리우데자네이루 Out

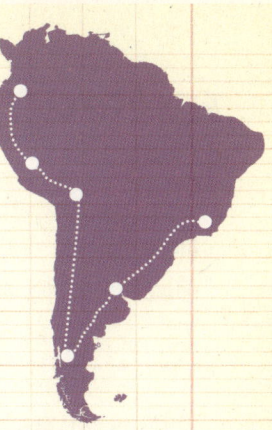

한국/인천 출발 ▶ 미국/로스앤젤레스 경유 ▶ 페루/리마 경유 ▶ 에콰도르/키토(1박 2일) → 라타쿵가(5박 6일, '푸힐리·코토팍시·킬로토아' 당일치기) → 과야킬(1박 2일) ▶ 갈라파고스(7박 8일) ▶ 과야킬(2박 3일) → 라타쿵가(2박 3일) → 키토(1박 2일) → 푸에르토 키토(2박 3일) → 오타발로 → 라타쿵가(3박 4일) ⊙ 쿠엔카(4박 5일, '카하스' 당일치기) ⊙ 페루/피우라 → 트루히요(1박 2일) ⊙ 와라스(6박 7일) ⊙ 리마(2박 3일) ⊙ 쿠스코(3박 4일) → 모라이 → 살리네라스 → 우루밤바 → 오얀타이탐보 ⇝ 아구아스칼리엔테스(2박 3일, '마추픽추' 당일치기) ⇝ 오얀타이탐보 → 쿠스코 ⊙ 볼리비아/코파카바나(1박 2일) ▶ 태양의 섬(1박 2일) ▶ 코파카바나 → 라파즈(2박 3일) ⊙ 우유니(3박 4일) → 칠레/ 산페드로 아타카마(1박 2일) → 칼라마 ⊙ 산티아고(3박 4일, '비냐 델 마르·발파라이소' 당일치기) ⊙ 푸콘(2박 3일) → 발디비아 → 오소르노(1박 2일) → 아르헨티나/ 바릴로체(3박 4일) → 칠레/푸에르토 몬트(1박 2일) ▶ 푸에르토 나탈레스(5박 6일) → 아르헨티나/엘 칼라파테(2박 3일) → 엘 찰텐(2박 3일) → 엘 칼라파테(2박 3일) ▶ 부에노스아이레스(2박 3일) ⊙ 푸에르토 이과수(1박 2일) ⊙ 브라질/상파울루 → 파라티(2박 3일) → 리우데자네이루(2박 3일) ▶ 미국/ 뉴욕 경유 ▶ 한국/인천 도착

→ 버스, 자동차, 승합차　⊙ 야간버스　▶ 비행기
▶ 배　⇝ 기차

CONTENTS

머리말 '남미앓이'가 시작되다 • 5

90일간의 남미 여행 루트 • 9

1장 신의 선물 남미로 가는 출입구 에콰도르

God made 1 **생물 | 갈라파고스**
　　　　　　종의 기원, 생명의 신비를 보다 • 16
Smart Travel 갈라파고스에서는 무엇을 보고, 느끼고, 맛볼까? • 49

God made 2 **적도 | 키토**
　　　　　　세상의 중심에서 달걀을 세워라 • 56
Smart Travel 적도에만 있는 특별한 현상들은 왜 생길까? • 64

God made 3 **눈 | 코토팍시**
　　　　　　생전 처음 밟아본 만년설 • 66
Smart Travel 코토팍시 투어는 어떻게 알차게 하지? • 74

God made 4 **과일 | 푸에르토 키토**
　　　　　　오감만족 열대과일의 향연 • 76
Smart Travel 쿠쿠야 농장 투어에서는 무엇을 체험할 수 있을까? • 83

2장 인간이 왜 겸손해야 하는지를 알려준 페루

God made 5 고도 | 와라스
와라스에서 고도를 느껴봐 • 88
Smart Travel 와라스에서는 어디를 어떻게 가야 하지? • 104

Man made 속에서 빛나는 **God made 1**
불가사의한 공중도시, 마추픽추 • 108
Smart Travel '마추픽추'는 무엇무엇을 닮았을까? • 122

3장 소금사막 우유니가 반기는 볼리비아

God made 6 물 | 코파카바나
바다보다 예쁜 호수, 티티카카 • 128
Smart Travel '태양의 섬'은 어떤 곳일까? • 140

God made 7 소금사막 | 우유니 소금사막
빛과 소금 그리고 물이 만든 기적 • 144
Smart Travel 우유니의 '소금'은 어디서 왔을까? • 150

God made 8 바람 | 우유니
몸은 힘들었지만 눈은 호강했던 2박 3일 • 154
Smart Travel 우유니 2박 3일 투어 때 꼭 확인해야 할 내용은 무엇일까? • 170

4장 사막과 숲, 빙하를 모두 품은 곳 칠레

God made 9 계곡 | 아타카마
적막함 속의 웅장한 아름다움 • 176
Smart Travel '죽음의 계곡', '달의 계곡'의 이름은 어디서 유래했을까? • 187

God made 10 화산 | 푸콘
정상에서 마그마를 느끼고, 눈으로 슬라이딩 • 190
Smart Travel 화산 투어, 계절에 상관없이 할 수 있을까, 또 체력이 좋지 않은데 할 수 있을까? • 199

God made 11 산 | 토레스 델 파이네
트레킹 종합선물세트 • 202
Smart Travel 왜 W트레킹인가? • 220

5장 유럽의 정취가 느껴지는 아르헨티나

God made 12 공기 | 바릴로체
남미인지, 스위스인지 분간이 안 돼 • 226
Smart Travel 바릴로체 자전거 투어, 누구나 할 수 있을까? • 235

God made 13 빙하 | 엘 칼라파테
빙하 위에 내 발자국을 새기다 • 238
Smart Travel 모레노 빙하를 최고로 즐기는 방법은? • 247

God made 14 돌 | 엘 찰텐
　　　　　세계 5대 미봉으로 꼽히는 피츠로이가 있는 곳 • 250
Smart Travel　'불타는 피츠로이'를 제대로 감상할 수 있는 비법은? • 260

God made 15 폭포 | 푸에르토 이과수
　　　　　악마의 목구멍, 이과수 폭포 • 264
Smart Travel　이과수 국립공원 전날 입장 티켓이 있으면 다음날 무료로 입장할 수 있다던데, 사실일까? • 272

삼바와 열정의 나라 브라질

God made 16 달 | 파라티
　　　　　보름달의 신비를 품은 휴양도시 • 276
Smart Travel　물이 찬 파라티는 언제 볼 수 있을까? • 285

Man made 속에서 빛나는 God made 2
리우의 상징물, 거대 예수상 • 286

맺음말 단언컨대, 갓 메이드가 있는 한, 여행은 계속된다 • 291

신의 선물 남미로 가는 출입구
에콰도르 Ecuador

1장

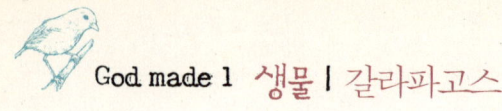

God made 1   생물 | 갈라파고스

종의 기원, 생명의 신비를 보다

갈라파고스를 아시나요? 갈라파고스, 정확한 이름은 갈라파고스 제도Islas Galápagos다. 학교에서 다윈의 진화설을 배울 때 들어본 사람도 있을 테고, 신문이나 잡지를 통해 이름을 접한 사람도 있을 것이다. 나도 처음에는 갈라파고스가 무슨 나라 이름인 줄 알았다. 그런데 알고 보니 에콰도르 해변에서 1천여 킬로미터 떨어진 19개 섬의 무리였다. 왠지 이름부터 신비로운 갈라파고스, 마치 태곳적 신비가 감춰져 있을 것 같은 그곳에 대한 호기심이 일었다.

과야킬에서 갈라파고스까지

갈라파고스까지는 에콰도르의 수도 '키토Quito'에서 비행기를 타고 들어가는 방법도 있지만, 나는 과야킬Guayaquil에서 들어가는 방법을 택했다. 과야킬에 살고 있는 윤 오빠가 마침 갈라파고스에 갈 일이 있다며 같이 가자고 청한 이유도 있지만, 항공요금도 그곳에서 가는 편이 더 쌌다.

라타쿵가에서 과야킬로 가는
도중에 눈에 들어온 풍경

　에콰도르는 면적이 그리 크지 않지만 고도 때문에 도시 사이의 온도 차가 심하다. 키토는 사계절 내내 봄과 같은 날씨였다면 해발고도가 0미터인 과야킬은 더워도 너무 더운 도시였다. 수영이 사는 라타쿵가Latacunga에서 과야킬까지는 버스로 7시간 정도 걸렸다. 차 안에서 우리 셋은 밀린 잠도 자고, 한국에서 가져온 북어포랑 오징어를 고추장에 찍어 먹느라 정신 없었다. 아침 8시에 출발해서 오후 2시 반쯤 과야킬에 도착했다. 도로 대부분이 산을 깎아 만든 탓에 오는 내내 굽이굽이 커브 길의 연속이었다. '이렇게 산이 많으니 기찻길을 낼 엄두도 못 내겠다' 싶었다. 장시간의 버스 여행으로 몸은 힘들었지만 버스 안에서 내다본 풍경은 정말 장관이었다. 한국에서도, 유럽에서도, 호주에서도 보지 못한 풍경들……. 이래서 남미에 다녀온 사람들은 남미를 잊지 못하나 보다.

다음날 아침, 우리는 과야킬 공항에서 '인갈라(갈라파고스 입장권)'를 산 다음 비행기에 올랐다. 과야킬에서 갈라파고스까지는 비행기로 2시간 거리, 우리나라에서 일본까지 가는 시간과 비슷했다. 갈라파고스 공항은 몹시 휑했다. 내리자마자 푸른 바다와 신기한 새들이 나를 반길 줄 알았는데 조금은 실망스러웠다. 공항이다 보니 시내 중심지에서 멀찍한 곳에 만들어놓았나 보다.

갈라파고스에 들어가려면 입도비를 따로 내야 한다. 외국인은 100달러, 내국인은 6달러다. 입도비에 대해선 이미 알고 있었지만, 배낭 여행자에게는 역시나 부담스러운 가격이다. 한번에 100달러를 지불하고 나니 손이 떨렸다. 그때 더 충격적인 일이 발생했다. 내 배낭이 도착하지 않은 것이다. 분명히 과야킬에서 비행기를 타기 전에 배낭을 부쳤는데 착오가 생긴 것이다. 게다가 내가 타고 온 비행기가 마지막 편이어서 배낭을 받으려면 다음날까지 기다려야만 했다. 이런 일이 자주 생기는지, 전날 주인과 같이 도착하지 못한 배낭들이 눈에 많이 띄었다.

나는 짐을 잃어버렸다는 서류를 작성한 뒤 관광지인 산타크루즈 섬 Isla Santa Cruz 으로 넘어가기로 했다. 공항 직원이 숙소를 알려주면 내일 배낭을 그쪽으로 보내주겠다고 했지만, 아직 숙소도 정해지지 않은 상태라 직접 공항으로 오는 수밖에 없었다. 이른 아침도 아니고 점심 무렵에 공항을 다녀가면 내일 일정이 틀어질 게 불을 보듯 뻔했다.

"일단 잊자. 걱정한다고 짐이 나타나는 것도 아니고……. 내일, 어떻게든 되겠지."

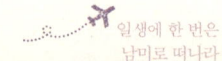

죽기 전에 가볼 곳, 갈라파고스

공항에서 출발하는 무료 셔틀버스를 타고 선착장에 도착했다. 이곳에서 배를 타고 10분 정도 간 다음 또다시 버스를 타고 1시간여를 달려야 최종 목적지에 닿는다. 갈라파고스로 가는 배 위, 부표 근처에서 노니는 바다사자가 눈에 들어왔다. 비로소 '바로 여기가 갈라파고스구나' 하는 실감이 들었다.

중심지까지는 버스로 한참을 가야 하는 거리였다. 그런데 버스 안에서 아무리 내다봐도 고속도로처럼 쭉 뻗은 길만 보일 뿐 상상했던 바다 풍경은 그림자도 비치지 않았다. 30분쯤 달려 '과연 파란 바다가 나올까' 의심이 들 무렵 하나둘 마을이 나타나기 시작했다. 그리고 30분을 더 가니 항구와 가게들이 시야에 들어왔다. 종점 항구에서 내리는 순간 비릿한 바다내음이 밀려들었다. '와우!' 그리고 바다 위로 보이는 배들……. 드디어 휴양지에 왔구나, 하는 생각이 절로 들었다.

남미에서 다들 걱정하는 치안 상태도 갈라파고스에서는 안심이었다. 일주일 동안 카메라를 어깨에 메

갈라파고스임을 느끼게 해주는 바다사자들

고 다녀도, 밤늦게 다녀도 괜찮았다.

    버스에서 내린 우리는 일단 주린 배를 채우기 위해 추천받은 식당을 찾아갔다. 그곳에서 맛본 스파게티와 버섯소스치킨, 모둠 세비체, 해산물 수프는 입에서 살살 녹았다. 시장이 반찬인 탓도 있었겠지만 싱싱한 해산물은 우리의 입맛을 만족시키기에 충분했다. 특히 나무토마토Tomate de Árbol 주스는 그 맛이 정말 기가 막혔는데, 여행 전에 수영이 극찬한 이유를 알 것 같았다.

    식사를 마친 우리는 여행사를 찾아갔다. 여행 프로그램에 대해 알아본 다음 세부 계획을 세울 요량이었는데, 다음날 공항에 짐을 찾으러 가는 문제 때문에 일정 짜기가 어려웠다. 우리가 머무는 동안 이사벨라로 가는 배편은 내일밖에 없다고 하는데 어쩌지……. 내 배낭은 어떻게 하지……. 여행사 사장님이 대신 찾아주겠다고 했지만 그 안에 수영복과 카메라 방수팩이 들어 있었다. 여러 생각이 들었지만 나 하나 때문에 전체 일정을 망칠 수는 없었다.

    갈라파고스는 여러 섬으로 이루어져 있기 때문에 섬 하나 여행에 하루 이상을 잡아야 한다. 우리는 여행사가 추천해주는 대로 이사벨라, 플로레아나, 산타크루즈 섬을 각각 하루씩 잡고 여행 계획을 세웠다. 단, 산크리스토발 섬은 멀기도 하고 볼 것도 많아서 투어 전날 들어가서 하루 종일 투어를 하고 그 다음날 아침 배로 나오기로 했다. 일정을 정했으니 이제 가격을 흥정할 시간! 이사벨라와 플로레아나 섬 투어비에 산크리스토발 왕복 배값이 포함된 가격은 1인당 190달러(20만 원 정도)였다. 180달러로 깎아달라고 졸라봤지만 절대 안 된단다. 185달러에 하잔다. '안 돼~

180~!' 우리도 물러설 수 없었다. 그러자 쿨한 사장님이 종이를 찢으면서 제비뽑기를 하잔다. 윤 오빠가 섞고 수영이 뽑고……. 와우! 기적처럼 180이 적힌 종이가 뽑혔다. 올레~ 5달러에 세상을 다 가진 것처럼 기분이 좋아지다니…….

투어 계획도 잡았고 이젠 숙소를 구해야 할 시간, 그런데 숙소 잡기가 하늘의 별따기다. 사실 갈라파고스에 들어와서 가장 먼저 숙소를 구하고, 투어를 잡고, 밥을 먹는 순서로 움직여야 했는데 우리는 완전히 정반대였다. 간신히 우리가 원하는 조건대의 방을 구할 수 있었다. 짐을 풀고 동네를 살짝 둘러보았다. 기념품 가게도 들어가 보고 이곳저곳 기웃거리다가 저녁으로 해산물도 먹고 야경도 감상하고~ 뭔가가 다 정해지고 정리되니 비로소 여유가 생겼다.

"아, 여기가 사람들이 죽기 전에 가봐야 한다는 갈라파고스구나!"

섬 전체가 자연사 박물관

해마 모양의 이사벨라 섬Isla Isabela은 갈라파고스 제도에서 가장 큰 섬으로, 하루만 다녀오기엔 여러모로 아까웠다. 하지만 다음 여행 일정을 위해 어쩔 수 없이 하루 여행으로 만족해야만 했다. 배낭이 사라져 난감한 나에게 수영은 바지와 샌들을 빌려주었다. 친구와 함께 여행하면 좋은 점 중 하나가 이런 게 아닐까.

섬에서 섬으로 이동할 때는 간단히 가방 검사를 한다. 이사벨라 섬에서 허용되지 않는 음식이 들어 있나 확인하는 것이다. 산타크루즈에서 이사벨라 섬까지는 2시간 정도, 작은 배로 가면 5~6시간이 걸린다고 한다. 배에 오르자 신이 났다. 이곳저곳 기웃거리다 2층에 올라갔는데, 바람이 장난 아니게 분다. 30분 정도 동영상과 사진을 찍으며 놀다가 1층으로 내려와 잠이 들었다. 아침 7시 30분에 출발한 배는 9시 40분쯤 이사벨라 섬에 도착했다.

우리는 이사벨라 섬 입도비(5달러)를 지불하고 다시 이동했다. 배를 타고 이곳저곳을 돌면서 파랑발새 Blue-footed Booby(푸른발부비새)와 바다이구아나, 바다사자들을 보았다. 내가 가장 보고 싶었던 파랑발새, 이름처럼 진짜 발이 파란색이다. 왜 갈라파고스의 마스코트가 됐는지 이해되었다. 솔직히 처음 파랑발새를 사진으로 보았을 때는 좀 충격적이었다. 환경오염 때문에 돌연변이가 태어난 건 아닌가, 하는 생각이 들었기 때문이다.

배는 틴토레라스 Las Tintoreras에 우리를 내려주었다. 가이드는 40분 정도 걸으면서 이것저것을 볼 텐데 몇 가지 유의사항이 있다고 말했다. "물 이외에는 아무것도 먹으면 안 되고, 꼭 정해진 길로만 다녀야 하고, 카메라 플래시도 터뜨리면 안 되고, 생명체를 만져서도 안 되고, 나도 만지지 말고……." 잉? 이 와중에 가이드는 농담까지 한다. 주의사항은 대체로 박물관에서 지켜야 할 일들이었다. 흔히들 갈라파고스를 '살아 있는

갈라파고스의 마스코트, 파랑발새

자연사 박물관'이라고 부르는데, 직접 가보니 충분히 그럴 만했다.

가장 먼저 우리를 반겨준 동물은 바다이구아나였다. 내가 별로 좋아하지 않는 파충류인데다 흔히 보던 이구아나와 비슷하게 생겨서 처음에는 관심이 가지 않았다. 그런데 신기하게도 카메라를 들이대면 마치 포즈를 취해 주는 것처럼 똑바로 서서 렌즈를 응시하는 게 아닌가. 그다음은 상어, 양옆이 돌로 막혀 있는 협곡에서 유유히 헤엄쳐 다니는데 주로 밤에 활동하며 지금은 낮이라 쉬는 중이라고 한다. 이 수로가 이 섬 이름인 '틴토레라스'이며, 틴토레라 상어들의 인큐베이터 정도로 생각하면 된다(틴토레라스는 틴토레라 상어들이 살고 있는 곳이라는 의미다). 가이드의 설명대로 대부분의 상어가 움직이지 않고 가만히 있었는데, 그중 일부가 수면 위에 지느러미를 내놓고 헤엄치고 있었다.

우리는 바다사자가 있는 구역을

사진찍기 좋은 포즈를 아는 바다이구아나

틴토레라 상어가 사는 틴토레라스

마지막으로 틴토레라스를 한 바퀴 돈 다음 스노클링을 하러 배를 타고 이동했다. 가는 길에 친구 휴대전화가 울렸다. 란 항공사였다. 숙소를 어디로 정했냐고 물으면서 배낭을 가져다준단다. 야호! 이제야 한시름 덜었다.

스노클링을 40분 동안 할 수 있다고 했는데 물이 너무 차서 더 깊이 들어가지는 못했다. 발이 닿는 곳에서만 얼굴을 물속에 담그고 '언더 더 씨~'를 경험했다. 그때 갑자기 바다사자가 우리 곁으로 다가왔다. 수영은 바다사자와 박치기할 뻔했다며, 수영하고 있는 자신에게 마치 '풉, 이것도 못하냐?' 하며 놀리듯이 눈앞까지 왔다가 방향을 틀어서 사라졌다고 한다. 수영은 이름과 다르게 수영을 잘하지 못하는데, 바다사자가 그 점을 놀린 것 같다는 얘기다. 바다사자와 함께 수영하다니, 동화 속에서나 가능할 법한 일이 현실에서 일어났다. 지금 이곳, 갈라파고스에서…….

한참 재미있게 놀다 보니 슬슬 배가 고팠다. 점심식사로 나온 음식은 푸짐하고 먹음직스러웠다. 밥과 고기를 기본으로 팝콘과 함께 먹는 수프, 메론 주스, 그리고 후식으로 빵이 나왔다. 팝콘을 수프에 말아먹는 게 처음이라 신기했는데 직접 먹어보니 맛도 꽤 좋았다.

다시 승합차를 타고 플라밍고(홍학)와 갈라파고스 거북을 보러 이동했다. 그런데 보조의자가 말썽이었다. 수영은 "아, 이거 왜 이렇게 빽빽해"라고 말하며 투덜댔다. 그런데 뒤쪽에 앉은 외국인들이 킥킥대는 게 아닌가. 왜 웃지? 순간 수영이 말한 '빽빽'이 그들에겐 'Fuck Fuck'으로 들렸을지도 모른다는 생각이 들었다. 외국인들에게 수영은 입이 험한 아가씨로 보였겠구나, 우리도 덩달아 한바탕 웃었다.

플라밍고와 갈라파고스 거북까지 눈에 담고 마지막 코스인 해변으로

향했다. 야자수와 고운 모래사장이 고급 휴양지 느낌을 주는 이곳 해변에서 우리는 20분 정도 개인 촬영시간을 가졌다. 그렇게 이사벨라 투어가 막을 내렸다.

숙소가 있는 산타크루즈 섬으로 돌아가는 배 안, 나는 동영상을 찍기 위해 2층으로 올라갔다. 그런데 가이드가 2시간 동안 계속 2층에 있어도 괜찮겠냐고 묻는다. 아마도 1, 2층을 오르내리는 계단 난간이 위험해서 운항 중에 내가 움직이는 게 걱정스러웠나 보다. 일단 괜찮다고 말했지만 조금 걱정이 되긴 했다. 동영상 몇 분 찍고 나면 나머지 시간 동안은 추위에 떨어야 할지도 모르는 상황이었다. 하지만 동영상 촬영을 포기할 수는 없었다. 추위야 조금 참으면 되지만 기록은 지금 아니면 못 남기기 때문이다.

배는 산타크루즈 섬으로 곧장 가지 않고 작은 섬에 잠시 들렀다. 그 섬에는 파랑발새, 빨강부리새, 바다이구아나, 바다사자 등 갈라파고스 제도에서 서식하는 대표적인 동물들이 거의 다 있었다. 사람의 손이 전혀 닿지 않은 무인도이기 때문에 생태계가 잘 보존된 곳이라고 한다. 화면에서만 보던 갈라파고스의 생물들이 바로 눈앞에 있다니, 꿈만 같다. 파랑발새는 그새 눈에 익었는지 이제는 돌연변이 같다는 생각이 전혀 안 든다. 배를 잠깐 멈추고 포토타임을 주는 틈을 타서 나는 1층으로 내려왔다. 덕분에 나머지 시간은 추위를 피해 편하게 쉴 수 있었다.

숙소에서는 반가운 배낭이 나를 기다리고 있었다. 만약 갈라파고스에 다시 올 일이 있다면 절대 배낭을 따로 부치는 일은 없으리라(이 마인드로 돌아갈 때 배낭을 갖고 비행기에 타다가 미용가위와 맥가이버 칼을 갈라파고스에

고심 끝에 시킨
랑고스티노(랍스타),
역시 먹길 잘했다

놓고 갈 뻔했다. 다행히 공항 직원이 맥가이버 칼은 발견하지 못했고, 미용가위는 내 머리를 보고 10초 생각하더니 통과시켜주었다. 비행기에 타기 전에는 이런 물건이 있는지 확인부터 해야겠다).

　우리는 저녁으로 무엇을 먹을지 고민하다가 어제 먹으려다 포기한 그릴 집에 다시 도전했다. 그런데 역시나, 오늘도 사람이 꽤 많다. 우리의 저녁 메뉴는 랍스타(바닷가재), 가격을 보고 처음에는 머뭇거렸지만 '한국에서는 이 정도 가격에 랍스타 못 먹는다'는 말에 주저 없이 선택했다. 그래, 여기에서나 먹지, 언제 또 우리가 먹겠냐. 후식으로 아이스크림까지 하나씩 들고 산책하는데, "아~ 정말 좋다~" 하는 감탄사가 절로 나왔다. 숙소로 돌아오니 밤 10시 30분, 피곤한 지 다들 침대로 직행했다. 배를 오래 타서 그런지 침대가 흔들거리는 것 같았다. 마치 아직도 배 위에 있는 듯한 착각이 들었다.

기대가 큰 만큼 아쉬움도 컸던 플로레아나

플로레아나 섬Isla Floreana 투어, 어제 이사벨라 섬이 너무 좋아서 한껏 기대를 하고 갔는데 조금은 실망스러웠다. 플로레아나 섬에 도착하기 전에 이미 기진맥진했기 때문에 더 그런 마음이 들었는지도 모르겠다. 산타크루즈에서 플로레아나 섬까지는 배로 2시간 거리, 문제는 어제보다 훨씬 작은 배에 만선이라는 데 있었다.

갈라파고스에서 배를 탈 때는 자리가 무척 중요하다. 2시간이라는 짧지 않은 시간 동안 이동하기 때문에 한번 잘못 앉으면 고생이 이만저만이 아니다. 기름 냄새가 빠지지 않거나 배가 통통 튈 때 몸도 따라 통통 튀는 곳에 앉으면 정말 지옥이 따로 없다. 하필 오늘 내가 앉은 자리가 바로 그런 곳이었다. 나는 속이 뒤집히는 걸 간신히 참으며, 이러다 '어글리 코리안'이 되겠다 싶어서 아예 배 바닥에 구명조끼를 깔고 누워서 갔다. 다행히 속이 좀 진정되면서 잠들 수 있었다.

플로레아나 섬에서 우리를 가장 먼저 맞아준 동물은 바다사자와 바다이구아나, 어제만 해도 엄청 신기했는데 이젠 동네 골목에서 흔히 만나던 길고양이마냥 평범하게 느껴진다. 오늘 우리가 탈 차는 지붕 위에 앉아서 주변 풍경을 감상할 수 있는 차였다. 다섯 명까지 지붕에 탈 수 있다며 올라가고 싶은 사람은 올라가라고 했다. 어제 우리랑 같이 투어한 현지인(밀똥) 한 명이 먼저 차 지붕 위로 올라갔다. 나머지 자리는 우리 네 명이 앉으면 되겠구나 싶었는데, 지영이 화장실에 간 사이에 네덜란드 청년(봉크)이 떡하니 자리를 잡았다. 나는 그가 올라오는지도 몰랐는데 윤 오빠 말로는

봉크가 너무 '훈남'이어서 내려가라고 할 수가 없었단다. 나중에 봉크가 한 말이 우리를 웃겼다.

"니네 네 명인 것 같았는데, 왜 세 명만 올라왔니?"

첫 번째로 가볼 곳은 '아실로 데 라 파스'Asilo de la Paz', '천국' 또는 '평화의 안식처'라는 뜻을 가진 명소다. 해적들이 남긴 흔적을 보러 갔는데 차에서 내려 20분쯤 더 걸어야 했다. 그곳에서 해적들이 남긴 흔적에 대한 설명을 들었지만, 한국말로 들어도 어려웠을 역사를 에스파냐어로 들으니 쇠귀에 경 읽기였다. 지루한 시간이 지나고 위쪽으로 좀 더 올라가니 아름다운 경치가 펼쳐졌다. 날씨도 너무 좋아서 스마트폰으로 대충 찍어도 한

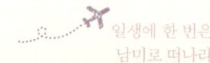

> 대충 찍어도 그림 같은 플로레아나

폭의 그림처럼 멋지다.

거북이 잔뜩 모여 있는 '거북 보호 구역'에도 갔는데, 이곳 거북들은 평생 먹고살 걱정은 안 해도 될 것 같았다. 현존하는 거북류 중 가장 크고 무거운 이곳의 거북은 세계적으로 유명하다. 오죽하면 거북을 뜻하는 '갈라파고스'라는 이름을 붙였을까. 특히 이곳 거북들은 '자이언트거북'이라고 부르며 특별하게 취급하는데 내가 보기에는 일반 거북보다 크다는 것 빼고는 차이가 거의 없었다(알고 보니 갈라파고스와 인연이 깊었던 찰스 다윈이 이곳 거북들의 등껍질 형태와 목의 길이가 서로 다른 것을 보고 '자연선택설'의 예로 삼았다고 한다).

플로레아나 거북들이 모여사는
거북 보호 구역

    점심을 먹고 스노클링을 하러 '검은 해변'이라 불리는 '플라야 네그라 Playa Negra'에 갔다. 여기서도 실망이 컸는데, 물이 너무 차가워서 오래 있기도 힘든 데다 우리나라 해변이랑 별반 다르지 않았기 때문이다. 차가운 바닷물 속에 억지로 들어가도 뿌옇게 일어난 모래 때문에 물속이 잘 보이지도 않았다. 이렇게 플로레아나 섬 투어를 마쳤다.

    기대했던 것과는 너무도 달라서 살짝 기분이 상했다. 게다가 이곳으로 올 때 배 안에서 고생했던 기억이 떠올라 산타크루즈 섬으로 돌아가는 것이 두려웠다. "2시간을 또 어떻게 버티지?" 하지만 함께 투어했던 사람들과 이야기를 나누다보니 2시간이 금세 지나갔다. 특히 밀똥과는 꽤 많은 대화를 나누었다. 이탈리아 부부에게 내가 찍은 로마 사진들을 보여주니 꽤나 반기는 눈치였다. 그 와중에 봉크가 내 휴대전화에 저장된 사진들을 보고 싶다며 가져갔다. "여기 한국 사진은 없어?" 봉크의 한마디에 순간

부끄러움이 밀려왔다. 그러고 보니 우리나라에서 찍은 사진들이 없었다. 여행 좀 해봤다며 다른 나라 사진들은 한가득 갖고 다니면서 정작 우리나라에서 찍은 사진은 단 한 장도 없다니, 진짜 반성 많이 했다. 한국에 돌아가자마자 아름다운 우리나라 풍경도 담아야겠다는 생각이 들었다.

사진을 다 본 봉크가 심심했는지 갑자기 밑똥한테 에콰도르 국가를 불러보란다. 그렇게 한 명씩 자기네 국가를 불렀다. 네덜란드 국가와 이탈리아 국가에 이어 우리 차례가 되었다. 이탈리아 국가가 힘차게 행진하는 스타일이어서 혹 우리가 분위기를 가라앉히는 건 아닌지 조금 걱정이 되었다. 그렇게 웃고 떠들다 보니 산타크루즈 섬이었다. 우리는 서로의 안녕을 빌어주며 헤어졌다.

플로레아나 섬이 모험을 체험하는 관광 명소라고 하지만 내게는 별다른 감흥이 없었다. 차라리 이사벨라 섬에서 하루를 더 보내거나 다른 섬을 갔다 왔으면 더 좋았을 텐데 하는 생각이 들 정도였다. 7일이라는 짧은 일정에서 하루를 낭비한 것 같아 조금은 아쉬웠다.

수산시장이 매력적인 산타크루즈

오늘은 산타크루즈 섬을 돌아보기로 했다. 우리는 아침 일찍 수산시장에 가면 랑고스티노Langostino(가재)를 싸게 살 수 있다는 얘기를 듣고 7시 50분에 숙소를 나섰다. 흔히 우리가 랍스타라고 부르는 랑고스티노를 먹으려고 수영은 집에서 초고추장도 만들어왔다. 수산시장으로 가는 길에서 만난 여행사 사장님이 "너희는 투어 없는 날에는 일찍 일어나니?"라고 농담을 건넨다. 지난 이틀 동안의 투어 때 좀 늦은 걸 이런 식으로 갚아주시다니…….

8시쯤 수산시장에 도착했다. 들은 대로 정말 랑고스티노가 한가득 담겨 있었다. 큰 것은 15달러, 작은 것은 10달러. 어떻게 살까 고민하다가 '한 사람당 한 마리씩, 푸짐하게 먹자!' 하고 큰 것 4마리를 55달러에 사왔다. 생선은 10시쯤 들어온다고 해서 잠시 숙소에서 시간을 보내다가 다시 출동! 사진에서 봤던 것처럼 펠리컨들이 떨어지는 콩고물을 얻어먹으려고 진을 치고 있었다. 생선을 손질하시는 할아버지의 다리 사이로 바다사자도 한 마리 보였다. 이곳에서 보낸 날이 하루 이틀이 아닌지 할아버지는 그 녀석 이름이 '셀리나'라고 알려주셨다.

셀리나는 여유 있는 표정으로 할아버지의 생선 손질이 끝나기를 기다리고 있었다. 손질하고 남은 부위가 자기 몫인 줄 아는 듯했다. 확실히 바다사자들은 외모에서 먹고 들어가는 게 있다. 귀여운 표정으로 생선을 달라고 쳐다보는데 나 같아도 안 주고는 못 배길 것 같았다. 내가 바다사자한테 더 마음을 쏟는 걸 펠리컨이 어찌 알았는지, 셀리나와 사진을 찍으려는 순간 펠리컨이 내 엉덩이를 쪼았다. "앗! 펠리컨 화내지 마. 그래도 바다사자가 더 귀여운 걸 어떡해!"

생선에 문외한인 내가 봐도 여기 생선들은 너무나 싱싱해 보였다. 우리는 참치를 살 생각이었지만 하필 오늘따라 참치가 보이지 않아서 흰살 생선으로 만족해야만 했다. 구입한 생선을 할아버지한테 주며 '사시미'라고 말하면 회감으로 알맞게 손질해주신다. 이제 만찬시간, 랑고스티노를

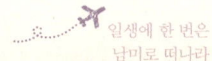

콩고물을 기다리는
바다사자(셀리나)와 펠리컨들

쪄야 하는데 숙소에 찜통이 있을 리 만무했다. 우리는 즉석에서 아이디어를 내 임시 찜통을 만들었다. 큰 냄비 안에 그릇 두 개를 엎은 다음, 그 위에 랑고스티노를 얹어주면 완성. 이가 없으면 잇몸으로 사는 의지의 한국인이 네 명이나 있는데 뭔들 못할까……. 돈을 더 주면 구워주기도 하는데, 일단은 우리 힘으로 만들어보자는 의미에서 요리를 시작했다. 장금이도 울고 갈 요리 솜씨를 뽐내는 수영 덕분에 한상 뚝딱 차려졌다.

사실 나는 '광어'를 제일 좋아하는데, 다행히도 오늘 사온 흰살 생선 맛이 광어와 비슷했다. 이름도 모르는 생선을 순전히 흰살 생선이라는 이유만으로 구입한 우리는 용감한 건지, 무모한 건지……. 회를 뜨고 남은 부위는 프라이팬에 구웠는데 생선 볼살이 이렇게 맛있는지 처음 알았다. 생선을 깨끗하게 해치운 우리의 다음 목표는 랑고스티노! 그런데 랑고스티

라스 그리에타스

노를 요리해 먹는 사람들이 많은지, 호스텔 주방 찬장에 나무망치가 있었다. 하지만 우리에게는 무용지물, 랑고스티노 껍질을 대충 깨서 찌는 방법을 택했다. 게다가 속이 덜 익어서 다시 찌는 수고까지, 랑고스티노 한번 먹기가 이리 힘들 줄이야. 준비하는 시간도 길었지만 다 먹는 데 걸린 시간도 꽤나 길었다. 배 터지게 먹자며 네 마리나 샀는데 겨우 두 마리로 요리 끝, 남은 두 마리는 식당에 가서 구워먹기로 했다. 냄비에서 갓 꺼낸 랑고스티노의 맛은, 글로는 도저히 표현할 수가 없다. '둘이 먹다 하나가 죽어도 모르는 맛'이라면 이해가 되려나. 한참을 배부르게 먹고 나니 손에서 바다내음이 가시질 않는다.

이제 슬슬 밖으로 나갈 시간, 우리는 가이드북에서 찾아낸 '라스 그리에타스Las Grietas'에 가기로 했다. 출발 전 여행사에서 스노클링 장비와 오리발을 빌린 다음 수상택시를 탔다. 라스 그리에타스에 가려면 수상택시로 숙소 반대편까지 건너가서, 거기서 다시 20~30분쯤 더 걸어가야 했다. 길이 험해 구두를 신고 가기는 힘들다는 글을 본 적이 있었는데, 직접 가보니 길이 화산석으로 이루어져 있어 슬리퍼를 신고 걷기에도 조금 벅찼다(실제로 일행 중 한 명은 미끄러져서 슬리퍼 가운데가 빠지는 사태 발생. 다행히 크게 다치지는 않았지만 화산석에 피부가 쓸리는 찰과상을 입었다).

우리는 행여 미끄러질까 조심조심 걸었다. 30여 분 만에 '라스 그리에타스'가 모습을 드러냈다. 너무도 아름다운 곳이었다. 역시 우리의 선택이 틀리지 않았다. 그곳은 양옆이 거대한 절벽으로 막혀 있어서 천연 수영장이나 다름없었다. 또 물이 상당히 깊어서 스노클링 장비를 대

여해 가서 놀기에 아주 좋았다. 더욱이 우리밖에 없어서 아주 조용했는데, 물속에서 물고기들과 같이 수영하며 놀았다. 물이 맑아서 깊은 곳까지 잘 보였다. 나는 엉뚱하게도 '여기 바닥에 보물상자가 있을지도 모른다'는 생각이 들었다.

얼마쯤 뒤 외국인 남자아이 두 명이 와서 다이빙을 시작했다. 나중에 알고 보니 이곳은 다이빙 스팟으로도 유명했다. 사람이 많을 때 가면 너도 나도 다이빙을 하느라 물속이 시끄러워서 물고기들을 볼 수가 없다고 한다. 우리는 운 좋게 시간대를 잘 골라가서 물고기들을 충분히 볼 수 있었다. 1시간 정도 스노클링을 했더니 추워서 더는 놀 수가 없었다. 그때 마침 일가족이 들어오기에 그들에게 물속을 양보하고 밖으로 나왔다. 우리는 좀 전에 남자아이들이 뛰어내린 곳에 올라가보았다. '아니, 여길 어떻게 보통 심장으로 뛰어내리지?' 그 친구들이 정말 대단해 보였다.

이곳에서 다이빙 가능! 밑에서 수영하는 사람들 크기만 봐도 다리가 후덜덜~

라스 그리에타스에서 돌아오는 길에 잠시 가게에 들렀다. 그곳에서 간단히 맥주 한잔을 하며 피로를 풀었다. 저녁식사는 호스텔 근처에서 구입한 초콜릿과 빵, 컵라면, 여기에 수영이 직접 만든 김치가 더해져 한 끼 든든한 식사가 차려졌다. 사실 에콰도르 컵라면이 맛있는 편은 아닌데 수영이표 김치가 곁들여지니 술술 잘 넘어갔다. 오늘 하루는 잘 먹고 잘 놀았다. 대만족!

바다사자의 천국, 산크리스토발

내일로 예정된 산크리스토발 섬 Isla San Cristóbal 투어는 꼬박 하루가 필요하다고 한다. 우리는 오전에 산타크루즈 섬에서 자유시간을 보내고 오후 배로 산크리스토발에 들어가기로 했다. 그전에 어제 먹고 남은 랑고스티노 두 마리를 마저 처리해야 했다. 우리는 계획대로 랑고스티노 두 마리를 갖고 식당으로 갔다. 두 마리에 10달러면 먹기 좋게 손질해서 구워주고 밥도 준다. 우리는 구운 랑고스티노 머리까지 달라고 해서 밥에 싹싹 비벼 먹었다. 덕분에 오늘도 손에서 바다내음이 떠나지 않는다.

식사 후에는 찰스 다윈연구소를 방문해 '외로운 조지' 거북을 보았다. 핀타 섬 육지 거북이 중에서 유일하게 살아남은 거북이로, 계속 번식을 시도했으나 결국 실패하고 혼자 남았다고 한다. 100살이 넘었다는데, 그 긴 세월을 혼자 보내느라 얼마나 외로웠을까(2011년 12월에 조지를 보고 왔는데 2012년 6월에 조지의 사망 소식을 들었다). 찰스 다윈연구소를 한 바퀴 돌았을

뿐인데 얼굴이 벌겋게 익었다. 오늘도 햇살이 무척 따갑다.

오후 2시, 산크리스토발 섬으로 출발하는 배에 올랐다. 내심 이사벨라 섬에 갈 때 탔던 배이길 바랐는데 눈앞에 나타난 배는 모터가 3개 달린 작은 배다. 그래도 탑승객이 우리밖에 없어서 자리를 넓게 쓸 수 있었다. 나는 잠들 생각에 의자에 길게 누웠다. 그런데 어찌나 배가 통통 튀던지, 도저히 잠을 잘 수가 없었다. 온몸에 힘을 뺀 채 누워 있으면 저절로 다리가 튀어오를 정도였으니, 더 무슨 설명이 필요하겠는가.

어찌어찌 산크리스토발에 도착했다. 주변을 그냥 한 번 둘러봤을 뿐인데 배 안에서 겪은 고통이 싹 사라진다. 해변에서 일광욕을 즐기던 바다사자들이 아는 체를 한다. 그 녀석들을 보니 미소가 절로 생긴다. 슈퍼마켓이나 호스텔도 많았다. 여태 난 갈라파고스 제도의 주도가 산타크루즈인 줄 알았는데 알고 보니 산크리스토발이었다. 우리는 숙소를 정한 다음 가까운 여행사에서 내일 투어를 예약했다. 거북은 하도 많이 봐서 일정에서 아예 다 빼버렸다. 내일 운이 좋으면 스노클링을 하면서 망치상어를 볼 수 있다고 한다.

투어 예약 후 해변을 거닐었다. 바다사자들이 평화롭게 노닐고 있다. 그때 아기 바다사자 한 마리가 눈에 들어왔다. 같이 사진을 찍고 싶은 마음이 굴뚝같았지만 무서워서 가까이 갈 수 없었다. 그때 용감한 수영이 그 옆에 살짝 다가가 앉는다. '어머나, 이 녀석 도망가지 않네!' 아기 바다사자도 우리가 궁금한지 옆으로 다가온다. 바다사자는 보는 걸로 만족해야지 절대 만지면 안 된다. 바다사자는 냄새로 서로를 알아보기 때문에 어설픈 호기심으로 만졌다가는 어미가 새끼를 못 알아보는 불상사가 생길 수

벤치를 침대 삼아 자고 있는 바다사자들

있다. '아~ 너무 귀여워!' 아기 바다사자를 이렇게 가까이서 볼 수 있다니, 운이 좋았다. 이곳 바다사자들은 사람들이 자신을 해치지 않는다는 것을 잘 아는 듯했다. 해변 벤치에 자리를 떡하니 차지하고 있는 바다사자들을 보면서 자연과 인간이 공존하는 삶을 꿈꾸어 보았다.

다음날 아침 9시, 투어 시작! 배를 타고 가는 길이 그렇게 예쁠 수가 없다. 파란 바다에 시원한 바람~ 30분 정도 가니까 스노클링 장비를 챙겨서 내리라고 한다. 바다 한가운데에! 매번 육지에서 시작하는 스노클링을 하던 내게는 신선한 충격이었다. 구명조끼를 입고 바다 속으로 들어갔다. 세상에, 물고기가 많아도 너무 많다. 스노클링을 하면서 한 번에 이렇게 많은 물고기를 본 적이 없었는데, 역시 세상은 넓고 멋진 곳은 너무도 많다.

30분 정도 놀다가 다시 배를 타고 두 번째 장소로 이동했다. '레온 도르미도 El León Dormido', 멀리서 봤을 때 잠자는 사자머리 같다고 해서 붙여진 이름이다. 스킨스쿠버를 신청한 사람들은 장비를 착용하고 입수했다.

푸에르토 그란데의
푸른 하늘과 푸른 바다

그 외 일행은 가이드 한 명이 갖고 있는 튜브에 쪼르르 매달려서 레온 도르미도에 있는 수로를 통과했다. 갈라파고스 상어와 바다거북도 보았는데, 너무 빨리 지나가서 사진을 찍은 데는 실패했다. 깊은 물속을 가만히 들여다보니 처음에는 보이지 않던 것들이 조금씩 보이기 시작했다. 스노클링만으로도 바다 속이 이만큼이나 보이는데, 스킨스쿠버를 하면 더 많은 것을 볼 수 있겠다는 생각이 들었다. 그 순간 스킨스쿠버를 하는 사람들이 부러웠다.

다음으로 간 곳은 갈라파고스에서 최고로 아름다웠던 '푸에르토 그란

데 Puerto Grande' 해변이었다. 우리는 배에 앉아서 간단히 식사를 하고 해변으로 나갔다. 햇볕이 너무 좋았다. 아무데나 카메라를 갖다 대기만 해도 멋진 화보가 나왔다. 다만, 파리같이 생긴 '등에'가 너무 많다는 게 단점이었다. 다리에 달라붙어 피를 빨아먹는 등에 때문에 엄청 고생했다.

저 멀리 아까 우리가 지나온 레온 도르미도가 보였다. 가이드가 레온 도르미도를 손바닥에 올려놓고 찍어보라며 친절하게 지도까지 해주었다. 40분쯤 머물 거라고 했었는데 1시간을 훌쩍 넘겼다. 우리는 사진을 찍는 데 정신이 팔려 시간이 어떻게 가는지도 몰랐다. 또 그곳에서 바라본 어느 돌섬에는 파랑발새가 떼를 지어 앉아 있었다. 아무리 봐도 질리지 않는 풍경, 나는 오래도록 파랑발새를 눈에 담았다.

가이드가 우리의 콘셉트 사진에 동화되었나 보다. 함께 사진을 찍어서 자신에게 보내달라고까지 한다. 갈라파고스에서 찍은 사진들 중 이곳에서 찍은 게 가장 예쁘게 나왔다. 잠시 뒤 이제 다시 숙소로 돌아가나 싶었는데, 레온 도르미도 스노클링을 한 번 더 시도한다. 애초 계획된 코스인지 아니면 아까 스킨스쿠버 팀이 망치상어를 못 봐서 다시 온 건지는 모르겠지만, 어쨌든 우린 좋았다. 한 번 가본 곳이었지만 또 다른 풍경이 펼쳐져 눈을 뗄 수가 없었다.

해질 무렵, 아직 남아 있는 햇살이 바다 속까지 비추고 있었다. 그 햇살을 따라간 곳에서 엄청난 물고기 떼를 만났다. 이런 맛에 스킨스쿠버들이 다이빙을 멈추지 못하는구나, 하는 생각이 들었다. "지구의 3분의 2는 바다이고, 자신들은 그 3분의 2의 세상을 즐기고 있다"라고 말하던 그들의 얘기가 옳았다. 물속은 육지와는 또 다른 세상이었다. 스킨스쿠버 팀은 결국 망치상어를 보지 못했다고 한다. 어제 투어를 예약할 때 여행사 사장님은 스노클링만으로도 망치상어를 볼 수 있다고 했는데, 만약 스킨스쿠버 팀이 망치상어를 봤다면 우리도 볼 수 있었을까?

숙소에 도착하자마자 바로 육지 투어를 떠났다. 오전의 바다 투어가 너무 좋아서 육지 투어도 살짝 기대했건만, 기대가 커서 그런지 실망도 컸다. 가장 나빴던 점은 날씨. 바닷가 쪽은 쾌청했는데 육지는 구름이 많아서 어딜 가도 잘 보이지 않았다. 오전과 오후 투어의 가격은 서로 비슷했는데 서비스는 차이가 컸다. 육지 투어의 가이드는 거의 택시기사처럼 우리를 목적지에 데려다주는 역할만 했다. 이럴 바엔 차라리 택시를 렌트하는 게 더 나았을 거라는 생각이 들었다. 여행사에 따져볼까도 싶었지만 우리가 도착했을 때는 이미 여행사 문은 닫혀 있었다. 내일 아침 배로 산타크루즈 섬으로 되돌아갈 예정이어서 여행사를 다시 찾아갈 시간은 없었다. 조금 실망한 부분도 있었지만, 오전의 투어가 너무 좋아서 대만족이다. 나중에 기회가 된다면 부모님을 모시고 꼭 다시 찾고 싶은 곳이다.

아디오스, 갈라파고스!

전날의 감동이 채 가시지 않은 아침, 산타크루즈로 가는 배를 타기 위해 선착장으로 나갔다. 7시 배를 타려면 6시 30분까지는 나와야 한다는 여행사의 말을 철석같이 믿었건만 배는 7시 30분이 되어서야 출발했다. 게다가 배는 만선, 구명조끼를 목 베개 삼아 눈을 붙였지만 심하게 요동치는

배 안에서 잠들기란 쉽지 않았다. 2시간여를 가야 하는데 뱃멀미를 이겨낼 수 있을까. 나는 노래를 부르거나 심호흡을 하며 애써 울렁거리는 속을 잠재웠다.

그렇게 무사히 산타크루즈 섬에 도착했다. 며칠 머물렀다고 그새 정이 들었는지 꼭 집에 온 것 같다. 우리는 숙소에 짐을 풀고 엊그제 못 먹은 참치를 사러 수산시장으로 갔다. 오늘 참치가 들어온다고 해서 한껏 기대를 하고 갔는데, 다행히 참치가 많이 보였다. 한 마리를 통째로 사기엔 양이 많아서 중간 크기의 참치를 반 잘라 손질해달라고 했다. 이번에도 수영이 요리 실력을 발휘해 참치회 다섯 접시를 만들어냈다. 단돈 10달러로 참치회를 이렇게 푸짐하게 먹을 수 있다니, 게다가 입 안에 넣자마자 사르르 녹는다. 이래서 사람들이 '참치, 참치' 하는구나. 빠른 속도로 두 접시를 비우고 나니 먹는 속도가 점점 떨어졌다. 그래도 두 접시를 더 먹고 나서야 젓가락을 놓았다. 남은 한 접시는 냉장고에 고이 모셔두었다.

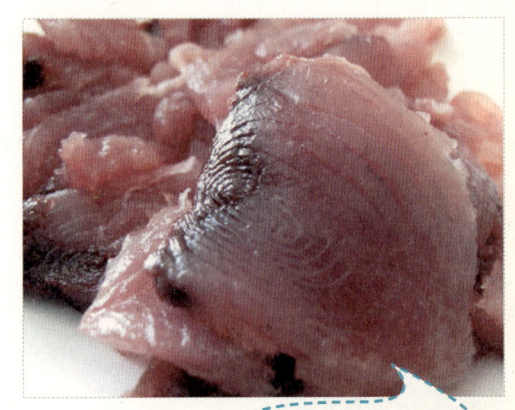

둘이 먹다 하나가 죽어도 모른다는 그 맛, 참치회

배 출발시간에 맞추느라 새벽같이 서둘렀더니 눈꺼풀이 무겁다. 우리는 30분 정도 낮잠을 자기로 했다. 눈을 뜨니 12시, 하루를 일찍 시작했더니 해가 길어진 느낌이다. 오후 일정은 산타크루즈 섬 육지 투어다. 어제 산크리스토발에서 바가지를 쓴 것 같아서 오늘은 우리끼리 택시로 여기저기 다니기로 했다. 그런데 택시기사가 바가지를 씌우려고 한다. 가격 흥정을 하느라 옥신각신하던 중에 투어를 예약했던 여행사 사장님이 아는 체를 한다. 사정 얘기를 들으신 사장님은 자신이 아는 택시기사를 소개시켜 주셨다.

우리는 택시로 '엘 차토 El Chato'와 '용암동굴 Túneles de Lava', 그리고 '로스 헤멜로스 Los Gemelos'에 가기로 했다. 사실 로스 헤멜로스보다는 '토르투가 베이 Tortuga Bay'라는 해변에 가고 싶었는데, 시간이 늦어서 못 들어간단다. 또 거북이한테 질린 터라 엘 차토도 뺄까 싶었는데, 그곳에선 야생 거북을 볼 수 있다고 해서 일정에 넣었다. 용암동굴에서는 운이 좋으면 박

파노라마로 찍어야 겨우 다 들어오는 헤멜로스

쥐도 볼 수 있다고 했지만 우리가 본 건 쥐뿐이었다. 엘 차토의 거북은 뭔가 다를까 싶었지만 다른 곳에서 봤던 거북과 생김새가 비슷했다. 사람이 다가가면 등껍데기에 몸을 숨기는데, 그때마다 공기가 빠지는 소리가 '쉬~~익' 하며 엄청 크게 들렸다.

몸집은 자이언트지만 마음은 소심쟁이

 육지 투어 중 가장 인상에 남는 곳은 로스 헤멜로스였다. 화산 폭발로 생긴 용암이 지하로 흘러들어 지하동굴이 생겼고, 동굴이 무너지면서 거대한 싱크 홀(동굴이 붕괴되면서 생긴 웅덩이)이 되었다. 이 같은 싱크 홀이 두 개가 있다고 해서 '로스 헤멜로스(에스파냐어로 '쌍둥이'라는 뜻)'라고 불

린다. 세월이 흐르면서 이 싱크 홀에는 스칼레시아Scalesia가 군락을 이루었다. 또 이름 모를 식물들도 많이 보였는데 사람들의 손길이 닿지 않아 자연 그대로의 모습을 간직하고 있었다.

　싱크 홀은 한 바퀴 도는 데 1시간이 걸릴 만큼 웅장하고 거대했다. 먼 옛날 이 밑으로 뜨거운 용암이 흘렀을 거라는 생각과 혹시 실수로 이 밑으로 떨어지면 어떤 일이 생길까, 하는 끔찍한 생각이 스쳐지나갔다. 사실 이곳에 들어가는 것은 매우 위험해서 헤멜로스 입구에 있는 초소에 신고를 한 후 들어가야 한다. 문화해설사를 동반하면 그 사람이 대신 해주기도 하지만 개별적으로 갈 경우에는 직접 신고해야 한다. 만약 신고 없이 들어갔다가 들키면 벌금을 많이 물어야 한단다. 택시 기사는 자기가 대신 신고를 해줄 테니 10달러를 달라고 했다. 우리는 돈을 떠나서 같이 가서 알려주면 우리가 할 수도 있는 건데 문화해설사도 아니면서 그런 제안을 한다는 사실에 화가 났다. 비록 택시기사의 행동은 불쾌했지만 헤멜로스가 준 그날의 감동은 아직까지 잊히지 않는다. 갓 메이드는 숨을 턱 막히게 하는 감동이 있다.

　갈라파고스에서 보내는 마지막 밤, 우리는 냉장고에 넣어뒀던 참치회 한 접시를 꺼내들고 바닷가로 나갔다. 내일모레가 크리스마스라 마을 곳곳에서는 크고 작은 크리스마스 행사들이 열리고 있었다. 비릿한 바다냄새를 맡으며 마지막 밤을 아쉬워하고 있는데, 산크리스토발 섬에서 만났던 봉크가 다가왔다. 그 옆에는 네덜란드 친구와 이스라엘 친구가 있었다. "이게 뭐야? 도대체 언제 잡은 거야?" 참치회를 본 봉크의 반응이 예사롭지 않았다. 우리는 오늘 아침에 잡은 거고, 맛있으니까 한 번 먹어보라고 권했다. 자기는 안 먹겠다고 빼는 봉크, 그러나 그의 친구들이 먹어보고 맛있다고 하니까 관심을 보인다. 특히 이스라엘 친구가 "더 먹어도 돼?"라고 하니까 결국 봉크도 그 맛이 궁금한지 입으로 가져간다. "맛있네~." 한 번 먹더니 계속 집어먹는다. 그때 이스라엘 친구가 자기는 매운 음식도 좋아한다며 김치에 손을 댄다. 그런데 김치 속의 생강을 먹고도 맛있단다. 희한한 친구들이다. 그들은 참치회 한 점만 남긴 채 떠나갔다. 봉크 안녕~.

갈라파고스와 이별하는 날이 밝았다. 조금 더 머물고 싶은 마음의 발로였는지, 괜히 우물쭈물하다가 그만 공항으로 가는 아침 버스를 놓쳤다. 우리는 여행사의 도움을 받아 택시를 불렀다. 그런데 하필 어제 트러블이 있었던 그 택시기사다. 이제 와서 다른 택시를 불러 달라고 할 수도 없고, 그냥 조용히 타는 수밖에. 어제 일이 조금 마음에 걸렸던 우리는 가는 내내 아무 말도 하지 않았다.

그때 사건이 터졌다. 비행기 시간이 촉박한 우리를 위해 힘껏 액셀러레이터를 밟던 중에 그만 새끼 고양이를 치고 만 것이다. 우리도 우리지만 택시기사도 많이 놀란 듯했다. 그래선지 갑자기 택시기사의 입에서 방언 터지듯 말이 술술 나왔다. '갈라파고스에서는 요즘 고양이가 새들을 잡아 먹는 통에 일부러 없애는 중'이라는 이야기부터 시작해 쉬지 않고 떠들어 댔다. 여행을 다녀온 후 매스컴에서 갈라파고스의 외부종에 대한 이야기를 접했다. 역시나 멸종 위기에 처한 고유종들을 위해 외부종들을 일부러 죽이고 있다는 내용이었다. 외부종도 생명인데 참 안타까웠다. 그들이 공존할 수 있는 방법은 정녕 없을까.

아무튼 우리는 그렇게 서먹한 감정을 풀 수 있었고, 제시간에 무사히 비행기를 탈 수 있었다. 내릴 때는 고마운 마음에 팁까지 얹어주었다. 우릴 위해 놀라운 속도로 달려준 택시기사에게는 고마움을, 우리 때문에 희생한 새끼 고양이에게는 미안함을 전한다.

꿈처럼 행복했던 일주일간의 갈라파고스 여행이 끝났다.. 이제 다시 완전무장하고 출발이다. 아디오스Adios(에스파냐어로 '안녕'이라는 뜻), 갈라파고스~.

★ Smart Travel 갈라파고스 제도, 야무지게 여행하기

Q 갈라파고스에서는 무엇을 보고, 느끼고, 맛볼까?

크고 작은 19개의 섬과 여러 개의 암초로 이루어진 갈라파고스 제도의 주도는 산크리스토발 섬이다. 그중 여행자들이 많이 찾는 3개의 섬에서 보고 즐길 수 있는 것들을 소개한다.

① 산타크루즈 섬

- **파우스토 레나 번식센터** Centro de Crianza 'Fausto Llerena' : 여러 섬으로부터 온 다양한 종의 거북들을 2~3살이 될 때까지 돌봐주는 곳.
- **라스 그리에타스**: 그리에타스 Grietas 는 '균열', '틈'이라는 의미이며, 이곳에 가면 거대한 절벽이 양쪽에 있어서 마치 지구가 열어놓은 '틈'에서 수영하는 기분을 만끽할 수 있다. 다이빙이나 스노클링하기에 적합하다.
- **엘 가라파테로** El Garrapatero : 플라밍고(홍학)나 철새를 볼 수 있는 백사장. 차로 1시간을 가야 하는 곳이라 장기 여행자들에게 추천한다.
- **토르투가 베이**: 갈라파고스에서 가장 큰 백사장. 수영, 스노클링, 카야킹, 서핑 등 활동적인 레포츠를 즐기기에 좋고 간단히 걷기에도 좋은 코스. 도보로 30분~1시간 정도 걸린다.
- **로스 헤멜로스**: 갈라파고스 제도가 형성될 때 화산 폭발로 지반이 가라앉은 곳에 만들어진 거대한 숲.
- **엘 차토**: 야생과 비슷한 조건에서 자이언트거북을 키우는 곳으로, 야생 자이

언트거북의 생활상을 엿볼 수 있다.
- 용암동굴: 용암으로 인해 형성된 동굴을 체험할 수 있다.

② 산크리스토발 섬
- 라 로베리아 La Lobería : 바다사자를 보기에 좋은 곳. 파도가 높은 곳에서는 서핑도 즐길 수 있다.
- 푸에르토 치노 Puerto Chino : SBS〈정글의 법칙〉이 갈라파고스에서 유일하게 촬영 허락을 받았던 곳. 휴식을 취하거나 바닷새를 볼 수 있는 이상적인 장소다.
- 푸에르토 그란데: 산크리스토발 섬 투어 중 가장 마음에 들었던 곳. 조용하고 수영하기에 적합하다. 소라게, 용암 갈매기, 펠리컨, 파랑발새(푸른발부비새)를 볼 수 있다.

〈정글의 법칙〉에 나왔던 치노 해변

- 갈라파구에라 데 세로 콜로라도 Galapaguera de Cerro Colorado: 산크리스토발에 있는 거북들을 보호하고 번식시키기 위해 만든 곳.
- 엘 훈코 El Junco: 이 호수는 휴면 상태인 분화구 내면에 있다. 엘 훈코에서 발원한 지하수는 산크리스토발 섬 전체를 감싸 흐른다.
- 세로 라스 티헤레타스 Cerro Las Tijeretas: 아름다운 풍경을 감상할 수 있으며, 스노클링도 할 수 있다. 고래를 보고 싶다면 6~10월에 갈 것.
- 푼타 카롤라 Playa Punta Carola: 바다이구아나와 바다사자를 볼 수 있으며 일몰이 장관이다.
- 레온 도르미도: 산크리스토발에 가면 꼭 가봐야 하는 곳. 사자 입에 해당하는 통로 부분을 통과하면서 스노클링을 할 수 있고, 스쿠버 다이빙도 해볼 수 있다. 운이 좋으면 망치상어도 볼 수 있다.

③ 이사벨라 섬

- 라스 틴토레라스: '틴토레라'로 알려진 하얀 지느러미 상어가 유년기를 보내는 따뜻한 수로를 볼 수 있다. 스노클링 포인트가 있어서 스노클링도 가능하다.
- 치코 화산 Volcán Chico, 시에라 네그라 화산 Volcán Sierra Negra: 이사벨라 섬에서 가장 큰 화산인 시에라 네그라 화산과 거기에 붙어 있는 기생화산. 말을 타고 트레킹을 할 수 있으며, 가이드를 동반해야 한다.
- 아르날도 투피자 번식센터 Centro de Crianza 'Arnaldo Tupiza': 모든 연령에 해당하는 거북이를 관찰할 수 있고 번식 과정도 볼 수 있다.

갈라파고스 음식 Tip

랍스타, 참치회 등 해산물 천국! 수산시장으로 Go~

갈라파고스에서는 풍부한 해산물이 별미, 놓치면 정말 후회한다. 특히 '참치회'는 일품, 입 안에서 살살 녹는다 (개인적으로 부모님이 생각났다. 함께 먹었으면 얼마나 좋았을까). 갈라파고스에서는 각종 생선회와 랍스타 등 싱싱한 해산물을 저렴한 가격에 즐길 수 있다.

안 가면 후회하는 곳

① '사시미'가 통한다고?

갈라파고스에 대해 조금 관심 있는 사람이라면 펠리컨들이 모이는 수산시장을 사진으로 봤을 것이다. 그곳에 가면 생선을 손질해서 파는 사람들이 있는데, 신기하게도 이분들이 '사시미'를 아신다. 먹고 싶은 생선을 사서 이분들에게 주면서 '사시미'라고 말하면 알아서 회감으로 손질해준다. 그걸 들고 숙소나 바닷가로 가서 먹기만 하면 된다.

니들이 게 맛을 알아? 이 놈이 한 마리에 15달러!

② '랑고스티노'는 큰 걸로!

랑고스티노는 아침 일찍 수산시장에 가면 살 수 있는데, 돈을 더 주더라도 큰 걸 사서 먹는 게 낫다. 근처 식당에서 돈을 받고 구워주기도 하며, 숙소에 가져와 쪄 먹어도 된다(호스텔에 비치된 조리기구 사용). 머리 부분에 있는 내장을 밥과 함께 비벼 먹으면 밥도둑이 따로 없다.

③ 초장, 간장을 챙겨가면 대박!

난 사실 해산물을 간장에 찍어 먹지 않는다. 하지만 흰살 생선은 초고추장에 찍어 먹더라도 참치는 꼭 간장에 찍어 먹을 것을 추천한다. 갈라파고스에서 참치회를 먹으면서 생선을 왜 간장에 찍어 먹는지 알게 됐다. 갈라파고스에 들어가기 전에 친구가 간장을 챙기기에 말렸다가 나중에 후회막급. 결국 갈라파고스에서 비싼 가격에 한 병 구입했다. 평소 회를 안 좋아하는 사람도 갈라파고스에 가면 분명 마음이 달라진다. 초장과 간장을 꼭 챙겨가자. 고추냉이? 입맛대로 알아서 챙기길!

'치즈'의 경험에서 나온 투어 정보

이사벨라 1일 + 플로레아나 1일 + 산크리스토발 왕복 배삯

※ 모든 투어 중식 포함

- 비용: 이사벨라 섬 투어(75달러) + 플로레아나 섬 투어(65달러) + 산크리스토발 왕복 배삯(25×2=50달러) = 190달러

  ⇒ 할인해서 180달러(20만 원, 4명일 때 가격)

- 내용

  이사벨라 섬

  07:30 산타크루즈 섬에서 이사벨라 섬으로 출발

  09:30 이사벨라 섬에 도착한 후 섬 주변 동물들 관찰

10:30   라스 틴토레라스 투어

11:30   스노클링 포인트로 이동하여 스노클링 시작

12:30   점심식사

13:30   플라밍고 관찰

14:00   거북이 번식센터 투어

14:30   해변에서 포토타임

15:00   산타크루즈로 돌아가는 배 탑승

15:40   무인도에서 여러 종류의 새 관찰

18:00   산타크루즈 섬 도착

플로레아나 섬

08:00   산타크루즈 섬에서 플로레아나 섬으로 출발

10:00   플로레아나 섬 도착

11:00   아실로 데 라 파스 도착

12:30   점심식사

13:30   플라야 네그라(검은 해변)에서 스노클링

15:00   산타크루즈로 돌아가는 배 탑승

17:00   산타크루즈 도착

산크리스토발 섬 투어

- 비용: 80달러(오전에 바다 투어 & 오후에 육지 투어 / 4명이 함께 결제해서 75달러로 할인)
- 내용

    09:00 산크리스토발에서 배를 타고 바다 투어 출발
    09:45 첫 번째 스노클링 스팟 도착
    10:30 레온 도르미도에서 두 번째 스노클링
    12:30 점심식사
    12:45 푸에르토 그란데 해변에서 포토타임
    14:15 레온 도르미도에서 세 번째 스노클링
    15:30 산크리스토발 섬 도착
    16:00 육지 투어 시작
    16:30 엘 훈코 도착
    17:00 푸에르토 치노 해변
    18:00 콜로라도 언덕 전망대 Mirador Cerro Colorado
    19:00 숙소 도착

잠자는 사자머리를 닮았다는
레온 도르미도

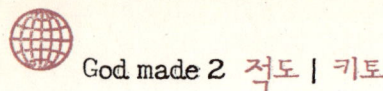

God made 2 적도 | 키토

세상의 중심에서 달걀을 세워라

적도의 도시, 키토 세상의 중심에서 달걀을 세워보자. 그렇다면 세상의 중심은 어디고, 달걀은 또 어떻게 세워야 하는지 알아야 한다. 지구에는 적도가 있고, 그 적도를 지나가는 많은 나라들이 존재한다. 그중 '에콰도르'는 나라 이름 자체에 '적도'라는 뜻이 담겨 있다(적도=Equator→Ecuador=에콰도르). 그리고 수도 키토에는 적도를 체험할 수 있는 '적도탑'이 있다. 이곳에는 두 개의 적도탑이 있는데 하나는 프랑스 과학자들이, 하나는 에콰도르 원주민들이 적도라고 주장한 곳이다. 그런데 지금 보면 원주민들이 주장한 적도가 맞다고 하니, 현재의 적도탑은 허울뿐인 적도탑인 셈이다.

적도탑의 이름은 '미타드 델 문도 Mitad del Mundo', 우리말로 풀이하면 '세상의 중심'이라는 뜻이다. 적도선에서는 중력이 약해져서 달걀을 못머리 위에 세울 수 있다고 한다. 쉽지는 않지만 성공만 하면 인증서도 발급해준다니, 한국에서부터 잔뜩 기대하고 갔다.

위도가 0인 적도 지역은 태양의 영향을 가장 강하게 받는 곳이다. 당연히 적도에 위치한 키토도 뜨거운 태양 아래 있는 게 정상이다. 하지만 키토는 안데스 산맥에 둘러싸인 분지인 데다 해발고도 3,000미터에 위치해 있어 1년 내내 우리나라의 가을처럼 선선하다. 약간 과장되게 말해서 봄 같은 아침, 여름 같은 오후, 가을 같은 저녁, 겨울 같은 새벽으로 하루에도 사계절을 다 경험할 수 있다고 한다. 분지 지형이기 때문에 오전 내내 모인 비구름들이 오후에 한 번 소나기를 뿌리고 다시 날씨가 개는 게 일상이다.

적도를 온 몸으로 느껴보자

아침부터 날씨가 화창하다. 우리는 프랑스인들이 만든 적도탑에 먼저 가보기로 했다. 적도탑 주변은 유명 관광지답게 아주 근사하게 꾸며져 있었다. 적도탑 위쪽에 설치된 전망대에 올라가려면 입장료를 내야 한다. 우리는 적도탑 주변을 한 바퀴 둘러본 뒤 실제 적도가 있는 태양 박물관으로 이동했다. 그곳에서 가이드의 안내를 받아 원주민들이 살았던 주거환경과 풍습 등을 살펴보았다. 정말 신기했던 것은 물이 배수구로 흘러내리는 모습이었다. 대개 물이 소용돌이치면서 흘러내려가는 게 정상인데, 이곳에서는 정말 일직선으로 똑바로 내려간다. 적도를 기준으로 한쪽은 북반구, 다른 쪽은 남반구인 이곳에서는 북반구에서는 물이 왼쪽으로, 남반구에서는 물이 오른쪽으로 돌면서 내려가는 모습을 한곳에서 보여주는 게 가능하다.

그리고 드디어 대망의 달걀 세우기! 오랜 시간 기대했던 터라 얼른 도전해보고 싶었다. 그런데 가이드도 한 번에 세우질 못하는 게 아닌가. 가장 먼저 지영이 도전했다. 헉, 3초 만에 성공~ 그다음엔 다섯 살짜리 아이, 달걀을 세로로 세우는 게 어려운지 가로로 세워버린다. 세로든 가로든 세우긴 세웠다. 역시 아이들의 상상력은 참 대단하다. 아이의 엄마와 아빠는 실패~ 드디어 내 차례. 두근두근~ 사실, 나는 무대공포증이 있다. 나름 외향적이고 활동적인 성격이라고 생각했는데 몸이 안 따라주는 경우가 많다. 번지점프를 하고 나서도 정신은 괜찮았는데 몸이 저절로 달달 떨렸고, 축가를 부를 때도 목소리가 이상하게 떨려 마치 양이 노래를 부르는 것처

진짜 적도

럼 보였었다. 그런 내가 적도탑에서 달걀을 세우려 한다. 손가락이 부들부들 떨리기 시작한다. 친구들이 "달걀이 서고 싶어도 네 손가락 때문에 못 서겠다~"라고 놀렸지만, 이미 나의 몸은 뇌의 명령에 불복종한 지 오래다. 기다려줄 만큼 기다렸는데도 못 세우고 있으니 가이드가 다음 코스로 이동하잔다. 나에겐 투어 끝나고 한 번 더 기회를 주겠다고 했지만, 쉽사리 발걸음이 떼이질 않았다.

그다음 체험은 적도에서 일직선으로 걸어보기. 지구가 양쪽으로 잡아당겨 중심을 잡기 어렵다고 했는데, 난 똑바로 걸어갔다. 다들 비틀거리며 걷는 모습이 어째 장난 같았다. '달걀 세우기나 되지, 왜 이런 것만 잘하는 건지…….' 내 머릿속에는 온통 달걀 생각뿐이었다. 그놈의 인증서가 문제였다. 이 나라 사람들은 인증서 같은 걸 참 좋아한다. 그래서 만들어놓은 것이 '에그 마스터' 인증서. 나도 이 나라 사람들을 닮았는지 인증서나 미션 같은 것에 환장한다. 아마 '일직선 걷기 인증서'가 있었다면 엄청 신났을 것이다.

또 다른 실험은 깍지를 끼고 양팔을 위로 올렸을 때 다른 사람이 손을 잡고 끌어내리는 것이다. 적도 밖에서는 내 힘으로 버티지만 적도선에서는 내 팔이 힘을 쓰지 못하고 쉽게 끌려 내려왔다. 여러 실험들을 통해 여기가 적도의 도시임을, 내가 지금 적도에 서 있음을 온몸으로 느꼈다.

모든 투어가 끝나고 지영은 '에그 마스터' 인증서를 받았다. 가이드가 내게 지영의 인증서에 증인 사인을 해달라고 했으나, 그릇이 크지 못한 나는 거절했다. 가이드가 농담으로 "너 질투하는구나?"라고 했을 때도 내 마음은 꽁해 있었다. 그 이후로 나와 친구들은 개인적으로 가서 계속 시도를 했으나 끝내 달걀은 나를 실망시켰다. 사실 달걀이 원망스러웠다기보다는 나 자신이 실망스러웠다. 욕심이 과해서 실패했구나 싶기도 했고, 그깟 인증서가 뭐기에 친구의 성공을 축하해주지 못했을까 싶기도 했다. 나중에는 마음을 비우고 손을 떨지도 않았으나 이미 달걀은 내 손길을 거부하기로 마음먹은 것 같았다. 그땐 "앞으로 달걀만 보면 이 일이 떠오를 것 같아!"라고 했는데 막상 시간이 지나니 달걀을 먹을 때도 아무 생각이 안 난다. 역시 사람은 망각의 동물인가 보다.

한껏 기대했던 일이 뜻대로 되지 않았을 때의 실망감은 컸다, 그러나 큰 실망감에서 오는 교훈도 컸다. 그릇이 너무 작았던 내 모습에 대해 반성했고, 사소한 것에 집착하지 말아야겠다는 생각도 들었다. 지금 생각해보면 아무것도 아닌 일에 왜 그렇게 매달렸는지, 좋은 일이든 나쁜 일이든 내가 그 일을 겪는 데는 다 이유가 있는 것 같다. 다음에 또다시 가볼 기회가 있다면 그때는 반드시 달걀 세우기에 성공했으면 좋겠다. 아무튼 적도 체험 완료!

키토를 조망할 수 있는 바실리카 성당

키토를 상징하는 것을 꼽으라면 단연 '파네시조 성모 마리아상Virgen de El Panecillo'과 '바실리카 성당Basílica del Voto Nacional'이 아닐까. 아주 큰 성모 마리아상이 있는 파네시조 언덕은 소매치기도 많고 위험하다고 해서 가뿐히 건너뛰고, 구시가지에 있는 바실리카 성당을 가기로 했다. 친구들과 함께 구시가지를 구경한 뒤 마지막 코스로 오후 4시 30분쯤 바실리카 성당에 도착했다.

바실리카 성당은 매우 웅장해서 쉽게 눈에 띄기도 하지만 첨탑 위에 올라가서 키토 시내를 한눈에 조망할 수 있는 게 매력이다. 멀리서 봤을 때도 멋있었지만 바로 눈앞에서 보니 더 멋있다. 첨탑 위 전망대에 올라가려고 했으나 4시 30분이 입장 마감이란다. 4시 35분, 5분이 늦었다. '어쩔 수 없지, 내일 다시 와야지.' 아쉬운 마음으로 성당 내부를 잠깐 둘러보고 나가려는데, 관리하시는 분이 둘째손가락을 세워서 '쉬~ 쉬~' 하는 제스처를 보이더니 따라오란다. 다른 외국인들도 있었는데, 우리에게만 특권을 주시려나 보다. 이게 다 수영의 뛰어난 에스파냐어 실력 덕분인 것 같았다.

전망대로 오르는 철제 계단은 경사가 몹시 가팔라 온몸이 긴장되었다. 하지만 그 계단 끝에서 내려다본 이국적인 풍경에 힘들게 올라온 보람이 느껴졌다. 눈앞에 분지 형태의 키토 전경이 펼쳐졌다. 다닥다닥 붙어 있는 지붕들, 여기가 외국이라는 게 실감났다. 아까 우리를 들여보내준 분이 따라오셨다. 아무래도 시간 외에 들여보낸 우리의 안전이 걱정되셨나 보다. 그분의 이름은 에디슨, 그는 우리 세 명이 함께 있는 사진도 찍어주고 설명도 해주며 가이드 역할을 해주셨다. 전망대에서 내려오다가 스테인드글라스가 있는 층에서 멈추시더니 우리에게 또 서보란다. 그러고는 친절하게 또 사진을 찍어주신다. 이럴 땐 줄 선물이 없는 게 아쉽다. 외국인 친구를 만나면 주려고 한국 엽서와 동전을 잔뜩 챙겨왔는데, 늘 깜박하고 숙소에 두고 나온다. 다음부턴 조금씩이라도 갖고 다녀야겠다.

전망대까지 모두 구경하고 우리는 성당 외부에서 포토타임을 가졌다. 웅장한 성당을 한 화면에 담으려고 수영이 거의 눕다시피 한 자세로 나를 찍어주고 있는데 에디슨이 다가왔다. 이번에도 성당을 배경으로 우리 셋을 같이 찍어주겠다며 거의 바닥에 엎드린 자세로 사진을 찍어준다. 아, 너무 친절한 에디슨. 그는 가려는 우리에게 뭐라고 말을 건넨다. 그런데 무슨 말인지 잘 모르겠다. "○○ 한번 구경하고 싶지 않아?"라

바실리카 성당 전망대에서 내려다본 키토

전망대로 오르는 몹시 가파른 계단

바실리카 탑에서 내려다 보이는 멋진 풍경

는 뜻인 것 같다. 약간 경계심이 일었지만 일단 우리 숫자를 믿고 따라갔다. 입구에 'Panteón Nacional de Jefes de Estado'라는 글이 쓰여 있었다(그때는 무슨 뜻인지 몰랐는데 집에 돌아와서 검색해보니 '국가원수들을 모신 전당'이라는 뜻이었다).

자물쇠로 굳게 채워진 문을 열고 들어가자 무덤들이 보였다. 역대 에콰도르 대통령들을 모신 곳이라고 한다. 현재 네 분의 무덤이 있었는데, 서거 후 20년이 지나면 무덤에서 유골함으로 옮긴다고 한다. 그래서 서거한 지 20년이 지난 초대 대통령의 무덤은 비어 있었다. 이곳은 망자의 날인 11월 2일, 1년 중 유일하게 그날만 공개한다고 한다. 이렇게 귀한 곳을 보여주다니, 완전 나이스 타이밍이다. 우리는 여행 운이 꽤 좋은 것 같다. 에디슨의 친절은 여기서 끝나지 않았다. 구시가지는 위험한 곳이니 조심하라는 말과 함께 전차 타는 데까지 데려다주셨다. 감동의 연속, 너무 과분한 대접을 받은 것 같다. 이 한 사람 때문에 에콰도르라는 나라가 더 좋아졌다. 내가 받은 은혜를 한국에 오는 외국인들에게 갚아야겠다는 생각이 절로 들었다. 땡큐, 에디슨!

★ Smart Travel 키토, 야무지게 여행하기

Q 적도에만 있는 특별한 현상들은 왜 생길까?

① 달걀을 세울 수 있는 이유는?

가이드가 세운 못 위의 계란

적도에서 달걀을 세울 수 있는 이유를 알기 전에 먼저 '적도' 자체를 생각해보자. '적도'는 지구의 자전축과 수직을 이루는 선이다. 즉 지구가 돌 때, 가장 해를 많이 받고 가장 원심력을 많이 받는 곳이다. 그래서 적도에서는 달걀노른자가 어느 한쪽으로 치우치지 않고 한가운데 위치할 수 있어 무게중심만 잘 잡으면 달걀을 못머리 위에 세울 수 있다.

② 개수대의 물이 소용돌이를 만들지 않고 빠지는 이유는?

소용돌이는 지구의 자전에 의해 생기는 '코리올리의 힘' 때문에 나타나는 현상이다. 코리올리의 힘은 다른 말로 '전향력'이라고도 한다. 이 전향력 때문에 태풍이 부는 방향이나 세면대의 물이 배수구로 빠져나가는 방향이 우리나라가 있는 북반구에서는 반시계 방향인 왼쪽으로, 호주가 있는 남반구에서는 시계 방향인 오른쪽으로 회전하는 것이다. 그런데 우리 집 세면대의 물은 오른쪽으로 돌면서 빠진다고? 사실 코리올리의 힘은 매우 약해서 주변의 다른 영향들이 회오리의 방향을 바꾸기도 한다. 예를 들면 세면대의 기울기나 모양, 표면 상태 등이 방향을 바꿔놓을 수 있다는 것이다. 적도에 가서 개수대를 놓고 실험해보면 눈으로 결과를 확인할 수 있다. 적도 위에서는 이 코리올리의 힘이 최소이기 때문에 물 회오리가 생기지 않고 똑바로 빠져나가는 것을 볼 수 있다.

③ 적도에서 힘이 약해지는 이유는?

중력은 행성의 중심점에서 멀어지면 약해진다. 지구의 자전으로 인해 원심력이 가장 큰 곳은 적도이고, 적도로 갈수록 다른 곳보다 지구 중심점에서 멀어져 중력이 약해진다. 따라서 몸무게가 1킬로그램 정도 덜 나간다고 한다. 그래서 힘도 약해지고 쉽게 지치기 때문에 꽉 잡은 손도 쉽게 떨어지고 팔에 힘을 줄 수도 없다.

적도탑 Tip

적도 체험을 하려면 적도탑이 아닌 태양 박물관으로 가자!

프랑스인이 세운 적도탑만 열심히 구경하고 오는 사람들이 있다. 진짜 적도를 느낄 수 있는 곳은 태양 박물관이라는 것을 잊지 말자.

- 태양 박물관 입장료: 3달러(영어 또는 에스파냐어 가이드비 포함)
- 소요시간: 1시간

God made 3 눈 | 코토팍시

생전 처음 밟아본 만년설

세계에서 가장 높은 활화산, 코토팍시! 에콰도르에는 75개의 화산이 있고, 그중 8개가 활화산이다. '코토팍시Cotopaxi' 화산은 해발 5,987미터로 세계에서 가장 높은 활화산으로 꼽힌다. 그럼, 백두산(해발 2,750미터) 두 개를 합쳐놓은 것만큼 높을까. 그건 아니다. 해발 2,850미터인 키토에서 보면 백두산보다 조금 높은 산 하나가 있는 셈이다. 게다가 해발 4,500미터까지는 차를 타고 오를 수 있어 정상(해발 5,911미터)까지 실제로 걷는 거리는 1,400미터쯤 된다. 그래도 고산지대라 첫 번째 베이스캠프인 해발 4,800미터 지점까지 가는 데도 엄청 힘들었다. 정상까지 등반할 때는 꼭 가이드를 동반해야 한다고 하는데, 우리는 베이스캠프까지만 가기로 했다.

이제야 12월 같네

코토팍시는 케추아어(남미 원주민의 언어)로 '불덩어리'라는 뜻이란다. 이름만 들어도 화산 이미지가 떠오른다. 보통 이곳은 여행사를 끼고 가지만, 나는 에콰도르에 머물던 수영이 연결해준 현지인들과 함께 갔다. 정상 가까이 차로 갈 수 있다는데, 화산재로 이루어진 길이라 4륜구동차도 힘겹

4륜구동차로 올라온 코토팍시

게 올라갔다. 국립공원 입구에 도착한 우리는 어떤 건물로 들어갔다. 그곳은 코토팍시 화산과 서식동물 등을 소개하는 안내소 같았는데, 매점에서는 코카잎과 관련된 상품들을 팔고 있었다. 고산지대다 보니 고산병으로 고생하는 사람들도 많은 듯했다.

　다시 차를 타고 15분 정도 더 올라가니 눈이 내리기 시작했다. '올 겨울은 남미로 여행 오는 바람에 함박눈을 못 밟겠다 싶었는데, 여기서 이렇게 밟게 되는구나!' 항상 밑에서 올려다보기만 하던 만년설이 지금 내 발

아래 있다니, 감회가 새롭다. 사실 이 지역은 눈보다는 우박이 잘 내리는 곳이라고 한다. 그런데 오늘은 함박눈이 펑펑 내리고 있으니 '시작부터 여행 운이 좋다'는 수영의 말이 빈말은 아닌 셈이다.

그런데 내 컨디션이 좋지 않았다. 어제 먹은 음식이 체해서 아침까지 화장실을 들락날락하다 왔으니 그야말로 죽을 맛이었다. 쏟아지는 눈 때문에 앞도 제대로 보이지 않았다. '어디까지 올라가야 하나, 힘들어서 도저히 못 가겠다'는 생각뿐이었다. 다섯 발자국 가다가 서고, 다시 좀 가다가 서고, 아니 아예 드러누웠다. 나는 컨디션 난조로 눕고, 지영은 고산병 때문에 누웠다. 다른 외국인들도 힘든 기색이 역력했지만 우리처럼 아예 드러누워서 쉬는 사람은 없었다.

내 입에서 "애들아, 난 여기서 쉬고 있을게. 둘이 올라갔다 와"라는 말이 저절로 나왔다. 그런데 '지금 아니면 언제 저 베이스캠프에 올라가볼 수 있을까' 하는 생각이 들었다. 나는 다시 마음을 다잡고 천천히 한 발짝씩 올라갔다. 몸 상태만 좋았어도 이 정도로 힘들진 않았을 텐데, 올라가는 발걸음이 천근만근이었다. 게다가 입이 바짝바짝 타는 게 물 한 모금이 간절했다. 하필 이런 때 물도 없다니……. 나는 깨끗한 눈을 한 움큼 집어서 입 안에 넣었다. 그때의 시원함이란, 마치 단맛 없는 아이스크림 '설레임'을 먹은 기분이었다.

얼마쯤 걸어 올라왔을까? 드디어 베이스캠프가 시야 안에 들어왔다. 눈앞에 목표물이 보이니까 힘이 솟았다. 그때부터 열심히 속도를 내서 베이스캠프에 도착했다. 정말 힘들었다. 겨우 300미터 올라왔는데 1시간 반이나 걸렸다. 그러나 체감시간은 2시간 반 정도 되는 것 같다. 올라오긴 했

사이좋게 누워 있는
지영과 나

지만 여전히 나는 골골거렸다. 결국 베이스캠프까지 와서 드러누운 신세가 되었다.

　베이스캠프에서 만난 '인디'라는 현지인이 우리에게 뭘 먹겠냐고 묻는다. 우리 셋은 이구동성으로 '핫초코!'를 외쳤다. 한국이라면 이런 분위기에서 '인디'가 계산할 테지만 여기는 에콰도르다. 계산은 우리가 해야 한다. 더치페이가 철저한 친구들이니 기대는 금물. 초코향이 진한 핫초코 한잔에 기분이 좋아졌다. 당이 떨어져 힘들다는 느낌이 들던 차에 정말 딱 좋은 음료였다.

　등산객 대부분은 여기서 초저녁에 잠들었다가 자정쯤 일어나 일출을 보러 정상에 오른다고 한다. 그래서 베이스캠프에 주방도 있고 침대도 있다. 밤 12시에 출발하는 이유는 한낮에는 태양 때문에 눈이 녹아 위험하기 때문이라고 한다. 그곳까지 간 김에 정상을 찍고 내려오면 좋으련만, 내게는 그럴 만한 장비도, 컨디션도 허락지 않았다. 천천히 핫초코 한잔을 마신 다음 캠프도 둘러보고 화장실도 다녀왔다. 베이스캠프에서 쉬면서 바나나 하나를 먹었더니 정신이 좀 든다. 내려갈 길이 막막했지만 이제는 하산할 시간이다.

　조금 내려오니 눈이 그치면서 하늘이 맑아진다. 시야가 밝아지면서 산 아래 풍경까지 덤으로 들어온다. 정말 오늘 날씨는 최고다. 마침 오늘이 수영의 생일인데, 하늘에서 생일선물로 좋은 날씨를 준 것 같다. 사진을 찍으면서 내려왔더니 힘든 줄도 모르고 처음 출발지까지 왔다. 내려오면서 내가 포기하려고 했던 지점을 지나치는데 '만약 여기까지밖에 못 올라왔다면 얼마나 억울했을까? 올라갔다 내려오는 시간이 꽤 긴데 과연 내가 친구들을 기다릴 수 있었을까?' 등등 많은 생각들이 스쳤다. 포기하지 않은 나 자신이 뿌듯하고, 독려해준 친구들이 고마웠다. 사진을 찍다 보니 '여기가 진짜 남미구나!' 싶다. 유럽과는 또 다른 풍경을 선사하는 남미. 신이 만들어놓은 자연을 보고 있으려니 이곳에 함께 있지 못하는 사랑하는 사람들이 더 간절하게 떠오른다.

코토팍시의 또 다른 볼거리, 림피오푼고 호수

코토팍시 산을 내려오니 가이드가 '림피오푼고 호수Laguna de Limpiopungo'로 안내한다. 보통은 이 호수부터 들르는데, 우리가 호수는 나중에 가자고 한 것이다. 날씨가 아주 좋으면 이곳에서도 코토팍시 산이 보인다고 한다. 안타깝게도 우리가 갔을 때는 구름이 많이 껴서 산이 보이지 않았다. 그래도 주변 언덕들이 호수에 비쳐서 나름 운치 있었다.

림피오푼고 호수는 호수라기보다는 늪 같은 느낌을 주었다. 우리는 림피오푼고 호수에서도 웃긴 사진을 찍기에 바빴다. 처음 보는 동양인 처자들의 재밌는 포즈에 가이드들도 킥킥대고 웃으며 우리의 매력에 빠져들었다(나만 그렇게 생각한 건가?). 그곳에서 즐거운 한때를 보낸 우리는 다시 차를 타고 시내로 향했다. 코토팍시를 달릴 때는 차가 너무 흔들려서 잠을 이룰 수가 없었는데 코토팍시를 벗어나자 눈을 붙일 만했다. 한숨 푹 자고

호수보다 늪에 가까웠던 림피오푼고 호수

일어나니 어느새 마을에 다 왔다. 수영이 덕분에 괜찮은 가격에 편하게 다녀올 수 있었다.

　살면서 처음 밟아본 만년설. 시작은 컨디션 난조로 무척 힘들었으나 지금은 아주 좋은 추억거리가 되었다. 함께 여행간 친구들과의 수다에서도 그날의 이야기가 빠지지 않는다. 더군다나 그날이 수영의 생일이어서

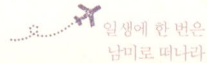

나름 운치 있었던
림피오푼고 호수

더 잊을 수 없는 날이 되었다. 코토팍시 정상에 오르는 건 더 힘들다고 하던데, 내 생에 다시 기회가 된다면 그때는 꼭 컨디션 조절을 잘해서 정상을 밟아보리라.

★ Smart Travel 코토팍시, 야무지게 여행하기

Q 코토팍시 투어는 어떻게 알차게 하지?

키토나 라타쿵가에는 코토팍시 투어를 해주는 여행사들이 많다(성수기에). 정상을 밟고 오는 코스는 신청자도 별로 없고 정보 또한 빈약하다. 코스가 너무 힘들어서 정상까지 올라가는 사람이 거의 없다는 것이다. 보통 여행사를 끼고 가면 나처럼 4,500미터까지 차를 타고 간 다음 300미터 정도 걸어 올라가 베이스캠프에 도착한다. 거기서 점심을 먹고 휴식, 그리고 다시 200미터 정도 더 올라가 빙하를 보고 내려온다고 한다. 만약 날씨가 나쁘면 베이스캠프까지만 갔다가 돌아올 수도 있다.

해발 4,500미터

코토팍시 투어 Tip

일단 날씨 운이 따라줘야 제대로 된 경험을 할 수 있는 곳이다. 고산병도 염두에 둬야 한다(페루 트레킹 편에서 '고산'에 대한 이야기가 나오기 때문에 여기서는 간단히 언급만 하고 패스~). 보온병에 뜨거운 물을 담아가서 '코카잎'을 타 먹으면 도움이 된다. 코카잎은 코토팍시 국립공원 입구에서 살 수 있다. 조급하게 생각하지 말고 천천히 올라가자. '겨우 300미터밖에 안 되는데 뭐가 힘들까' 하겠지만 정

말 힘들다. 보통 1시간 내외가 걸린다고 하니 마음의 여유를 갖고 천천히 쉬면서 올라가자. 또 한 가지, 이곳은 고도가 높아 날씨가 춥다. 만년설이 있는 곳이므로 따뜻한 옷과 장갑은 필수다.

'치즈'의 경험에서 나온 투어 정보
코토팍시 데이 투어

- 비용 : 30달러(33,000원, 아는 현지인의 차를 타고 이동)
- 소요시간 : 9시간
- 내용

    09:00   출발

    10:50   코토팍시 국립공원 안내소 도착

    11:50   4,500미터 도착, 워킹 시작

    13:30   호세 리바스 José Ribas 대피소 도착

    14:30   하산 시작

    15:30   하산 완료

    16:20   림피오푼고 호수 도착

    16:40   숙소를 향해 출발

    18:00   숙소 도착

호세 리바스 대피소

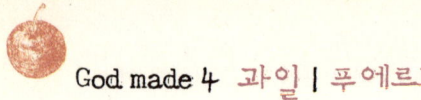

God made 4 과일 | 푸에르토 키토

오감만족 열대과일의 향연

눈과 입이 즐거운 과일 농장 체험 '과일'이라는 단어를 입 안에서 굴리기만 해도 침이 고이면서 새콤달콤한 맛이 상상된다. 갓 메이드를 이야기하면서 과일을 빼놓을 수 없는 이유 중 하나는 여행지에서 맛본 과일이 훗날 좋은 추억이 되기 때문이다. 온도, 습도, 토질 등 여행지의 자연환경에 따라 맛볼 수 있는 과일의 종류는 조금씩 다르다. 따라서 우리나라에 없는 과일을 발견했다면 당연히 먹어봐야 한다. 그게 새로운 곳을 찾아다니는 여행족의 기쁨이자 특권이 아닐까? 푸에르토 키토 Puerto Quito 에는 농장 주인이 예약제로 신청자를 받아서 농장 체험의 기회를 제공하는 상품이 있다. 농장에서 하룻밤 자면서 직접 카카오 열매로 초콜릿을 만들어볼 수 있고, 직접 딴 과일을 맛볼 수도 있다.

초콜릿 만들기와 과일 따기 체험

키토에서 푸에르토 키토까지는 버스로 4시간쯤 걸린다. 우리는 3시간 40분 정도 버스를 탔는데, 길이 너무 험한 데다가 빠듯한 일정 때문에 제대로 먹지를 못해 속이 많이 불편했다. 빈속에 버스를 오래 탔으니 그럴 만도 했다. 친구가 쿠쿠야 Cucuya 농장 주인에게 전화를 하자 주인이 데리

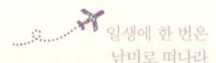

러 오겠단다. 우리는 맥주를 한 병씩 사서 마시면서 농장 주인을 기다렸다. 드디어 주인 등장! 그의 이름은 가브리엘이었다.

천사 같은 농장 주인 '가브리엘'

우리 셋은 맥주를 다 마실 새도 없이 농장 주인의 트럭 뒷자리에 쪼르르 앉았다. 그리고 달리는 트럭에서 손에 든 맥주를 마셨는데, 비가 그친 뒤에 불어오는 신선한 공기가 너무나 상쾌했다. 불빛이 없는 시골 마을로 들어가는데 '만약 택시를 타고 갔으면 무서웠겠다'라는 생각이 들 정도로 빛도 없고 인적도 없는 길이었다. 5~10분 정도 더 들어가자 예쁜 오두막집이 나왔다. 우리가 묵을 곳이란다. 상상했던 것보다 몇 배는 예뻤다. 유럽의 방학 기간에는 복작복작한데 오늘은 예약자가 우리밖에 없다고 한다. 그 덕에 비싼 오두막도 싸게 묵을 수 있었으니 이래저래 기분이 좋았다. 저녁을 맛있게 먹고 테라스에 앉아서 맥주 한잔씩 마시며 올드팝을 듣는데, 마치 한국의 시골에 와 있는 기분이었다.

다음날, 어제 분명 빗소리를 들으며 잠이 들었는데 눈을 뜨니 하늘이 말끔하게 갰다. 오늘의 첫 번째 코스는 녹인 카카오로 초콜릿 만들기! 카카오 열매를 초콜릿으로 만드는 과정을 체험하고, 완성된 초콜릿은 우리

카카오 열매를 반으로
쪼개면 이런 모습~

가 먹는다. 초콜릿에 과일도 찍어 먹고 그냥 손가락으로도 먹고……. '아, 태어나서 먹어본 제일 맛있는 초콜릿'이라는 생각이 절로 든다. 그냥 단맛이 아니라 깔끔한 단맛! 아무리 많이 먹어도 머리가 아플 것 같지 않다. 우리는 감탄사를 연신 내뱉으며 초콜릿을 먹었다. 체험이 끝난 뒤에 가브리엘한테 카카오 열매를 받아오는 꿈까지 꾼 걸 보면, 이날의 감동이 크긴 컸나 보다.

아침나절을 그렇게 보내고, 오후가 되었다. 가브리엘이 우리에게 프로그램을 선택하란다. 지금은 과일철이 아니어서 농장에 가도 딸 과일이 별로 없다고 한다. 그래서 대체 방안으로 나온 게 폭포에 가서 수영하는 일이었다. '아, 과일 따기 체험을 하러 왔는데 과일이 없다니…….' 아무리 생각해도 그건 아닌 것 같아서 그냥 과일 농장 체험을 하겠다고 했다.

비닐하우스 같은 곳으로 데려가나 생각했는데 숲 전체가 농장이었다. 역시 사람은 겪은 만큼 시야가 커지는 것 같다. 농장 주인은 작대기를 이용하거나 꼬마 아들을 자신의 어깨 위에 앉혀서 과일을 따주었다. 과일이 보이기만 하면 무슨 수를 써서라도 다 따주는 것 같았다. 딴 과일은 반을

초콜릿에 찍어 먹은 파인애플. 태어나서 먹어본 초콜릿 중 가장 맛있었던 초콜릿

갈라서 속을 보여주며 설명해주었다. 당연히 맛도 보란다. 우리의 질문에 막힘없이 설명도 잘해주었다.

    2시간 정도 돌았을까? 과일을 너무 많이 먹어서 배가 불렀다. 과일철이 아닌 데도 이 정도인데 제철에 왔으면 어땠을까. 오늘 우리가 맛본 과일은 12종 정도였다. 만약 제철인 5월에 왔으면 27종이나 맛볼 수 있을 거라고 하니, 정말 제대로 과일 따기 체험을 할 수 있었겠다.

    가장 인상 깊었던 과일은 '밀라그로사Milagrosa', 이 과일을 먹고 5분 뒤면 신맛을 못 느낀다. 그래서 우리도 밀라그로사를 먹은 후에 레몬을 먹어봤는데, 맙소사~ 이렇게 신기한 일이! 정말 레몬이 달게 느껴졌다. '밀라그로사'라는 이름에 '불가사의한, 기적 같은'이라는 뜻이 들어 있다고 하는데, 정말 이름처럼 특별한 과일이었다. 그 외에 약에 쓰인다는 '노니Noni Fruit'는 몸에 좋은 약이 입에도 쓰다는 말 그대로 걸레 맛이 났고, 보로호Borojó라는 과일은 정력제 역할을 한다고 한다. 가브리엘이 다음에 남자친구랑 오면 남자친구에게 몰래 먹여주겠다는 농담까지 했다. 이제 돌아가서 대왕야자 열매로 반지만 만들면 투어 일정이 끝난다.

배맛과 비슷한 푸마로사

새콤달콤한 오렌지

신 맛을 못 느끼게 해주는 밀라그로사

정력제로 쓰이는 보로호

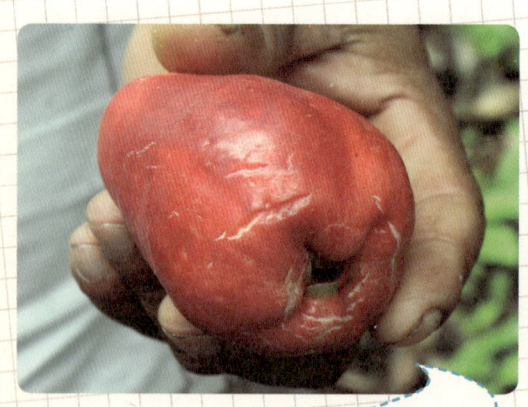
채소 같은 잠부

패션푸르츠로 알려진 마라쿠야

가브리엘과 아들이 걸어가는 모습이 보기 좋았다. 꼬마가 "아빠, 신발이 너무 커요!"라고 말하자 가브리엘은 "응. 그럼, 벗고 가~"라고 대답했다. 이 한마디에 꼬마는 신발을 벗고 맨발로 흙바닥을 걸어갔다. 만약에 도시에 사는 부자였다면 아버지는 뭐라고 대답했을까? 아마도 아이를 안거나 업고 가지 않았을까. 나는 아들을 자연 속에서 키우는 가브리엘의 교육방식이 참 마음에 들었다. 이다음에 내 아이들도 이렇게 키워야지~.

그렇게 하루가 잘 마무리되는 것 같았는데 뜻밖의 일이 벌어졌다. 가브리엘을 따라 나온 개, 로코가 차에 치이는 불상사가 생긴 것이다. 로코는 많이 놀랐는지 뒤도 안 돌아보고 피를 흘리며 달아났다. 가브리엘도 놀랐고 꼬마도 놀랐지만 손님인 우리를 안정시키느라 애써 침착하게 행동한다. 집에 가보니 피를 철철 흘리며 떨고 있는 로코······. 가브리엘은 당장 로코를 차에 태워 동물병원으로 데리고 갔고, 그 바람에 우리의 일정은 꼬였다. 다음날은 주말에만 열리는 시장에 가서 구경할 예정이었다. 이번을 놓치면 다시 일주일을 기다려야 하는데, 그럴 시간이 없었다. 어차피 숙박비는 어디서든 들 테고, 우리는 여기서 하루를 더 보내고 내일 아침 첫차를 타고 시장에 가기로 의견을 모았다. 2시간쯤 지났을까. 가브리엘이 돌아왔다. 상처 부위를 열세 바늘이나 꿰맸다는 로코도 안정을 찾은 듯 보였다. 의사가 다행히 뼈는 다치지 않아서 차차 나을 거라고 했단다. 우리도 놀란 가슴을 쓸어내릴 수 있었다.

가브리엘에게 우리의 의견을 전하면서 내일 새벽에 버스 정류장까지 데려다줄 수 있겠냐고 물었더니 쿨하게 오케이한다. 무엇이든 자신이 도

아보카도 마니아, 로코

울 수 있는 거라면 다 돕겠단다. 쿠쿠야 농장에서 하루를 더 묵게 된 우리는 저녁식사 후 가브리엘과 함께 대왕야자 열매로 반지를 만들면서 이런저런 이야기를 나눴다.

로코가 왜 차에 치인 거냐고 물어보니 도마뱀 때문이라고 한다. 도마뱀을 무척 좋아하는 로코가 길을 가다 도마뱀을 봤고, 거기에 정신이 팔려 미처 차를 피하지 못한 거란다. '세상에 이런 일이!' 도마뱀은 무사했으니 그나마 다행이라고 해야 하나. 우리는 맥주를 앞에 두고 가브리엘과 새벽 2시까지 수다를 떨었다. 낮에 만든 초콜릿을 안주 삼아서……. 우리는 잠깐 눈을 붙였다가 새벽 4시에 다시 만났다. 약속대로 버스 정류장까지 태워다주는 가브리엘, 농장에 머무는 동안 그는 정말 우리에게 아낌없이 다 퍼주었다. 게다가 체력도 정말 '짱'이었는데, 우리가 잠든 새 밖에 나가서 또 한잔했단다.

부슬비가 내리는 길을 달려 버스 정류장에 도착했다. 그저께 처음 올 때와는 분위기가 사뭇 달랐다. 마치 놀이공원에서 후룸라이드(물 위로 가는 롤러코스터의 일종)를 타는 기분이었는데, 즐거운 추억으로 남았다. 버스 출발 5분 전, 우리는 가브리엘과 진한 베소beso (볼에다 입을 맞추는 남미식 인사)로 작별인사를 했다. 남미에 갈 기회가 한 번 더 주어진다면 5월에 가고 싶다. 과일이 주렁주렁 열린 쿠쿠야 농장에서 가브리엘을 다시 만나고 싶다.

★ Smart Travel 푸에르토 키토, 야무지게 여행하기

Q 쿠쿠야 농장 투어에서는 무엇을 체험할 수 있을까?

푸에르토 키토에서 '가브리엘' 개인이 진행하는 투어로, 30달러에 많은 걸 체험할 수 있다. 3달러 정도를 추가로 내면 저녁식사도 가능하다. 하룻밤 더 묵고 싶을 땐 10달러를 추가로 내면 된다(숙박만!). 12월은 비수기라 과일이 별로 없다고 했는데도 12가지 과일을 맛볼 수 있었다. 그중 우리나라에서 볼 수 있는 과일은 오렌지, 레몬, 바나나 정도고 나머지는 다 열대과일이기 때문에 비록 과일 종수가 적더라도 전혀 아까울 게 없는 투어다. 마지막으로 대왕야자 열매로 반지 만들기는 약간의 노동이 들어가지만 아주 색다른 경험이므로 꼭 한번 해보길 바란다(나중에 시장에서 그 반지가 팔리는 걸 보며 뿌듯했던 기억이 난다).

- **내용 및 비용**: 카카오 열매로 초콜릿 만들기, 과일 농장 투어(과일 따기 체험), 대왕야자 열매로 반지 만들기, 하룻밤 숙박(조식 포함), 버스 정류장에서 픽업, 이 모든 게 1인당 30달러면 가능한 알찬 코스!

- **내가 먹어본 12가지 과일**: 마라쿠야, 푸마로사, 오렌지, 리마, 아보카도, 바나나, 스네이크 프루츠(우리에게는 '살락'이라는 이름이 더 친숙), 노니, 밀라그로사, 보로호, 레몬, 잠부

쿠쿠야 농장 투어 Tip

순전히 에스파냐어로만 진행되는 투어. 그래서 다른 일정은 대충 보디랭귀지로 소화할 수 있으나 과일 설명만은 에스파냐어를 알아야 이해할 수 있다. 에스파냐어를 잘 못하거나 과일 따기 체험에 별 관심이 없다면 여름(12월)에는 폭포 투어로 대체할 수도 있다. 폭포도 구경하고 수영도 하는 일정이라는데, 나는 과일 투어를 선택했기 때문에 폭포 투어에 대해서는 잘 모르겠다. 가브리엘 집에는 어린 아이들이 많으니 과자나 장난감 같은 선물을 가져가면 환영받을 것이다(아이가 일곱 명 정도 있었는데, 보로호 과일 덕분인가?). 숙박에 차질이 생기면 투어를 못할 수도 있으므로 예약은 필수!

'치즈'의 경험에서 나온 투어 정보

쿠쿠야 농장 투어

- 비용: 30달러(35,000원, 하루 숙박과 세 끼 식사 & 농장 투어)
- 소요시간: 1박 2일
- 내용

  | 첫째날 |

  20:30 쿠쿠야 농장 도착

  21:30 저녁식사

  | 둘째날 |

  09:00 기상

09:50 아침식사

10:20 카카오 열매로 초콜릿 만들기

10:50 초콜릿 시식

11:30 과일 농장 투어 시작

14:30 과일 농장 투어 종료

14:50 점심식사

20:50 저녁식사

21:00 대왕야자나무 열매로 반지 만들기

대왕야자나무 열매로 만든 반지

※ 로코(주인집 개)가 차에 치이는 바람에 하루 더 연장된 스케줄. 보통은 과일 농장 투어를 종료하고 점심을 먹으면서 반지를 만들면 끝난다. 또한 도착하는 시간에 맞춰서 스케줄 변경도 가능하다.

가브리엘의 근황(2012년 11월에 접한 정보)

쿠쿠야 농장은 다른 사람에게 넘기고 가브리엘은 새 농장을 차렸다고 한다. 아직 시설을 만드는 중이라 원래만큼 숙소가 깨끗하지 못하고 과일 종류도 적지만, 가브리엘의 서비스와 그 외의 투어는 그대로라고 하니, 즐겨볼 만하겠다.
연락처: 098-117-9157, 099-155-9543

인간이
왜 겸손해야하는지를 알려준
페루 Peru

2장

God made 5 고도 | 와라스

와라스에서 고도를 느껴봐

안데스 한복판에 세워진 도시 해발고도 3,300미터에 위치한 와라스Huaraz, 백두산보다 더 높은 곳에 있다고 보면 된다. 키토에 있을 때는 몰랐는데 와라스에 오니 내 몸이 고도에 제대로 반응을 하는 듯하다. 가장 먼저 나타나는 반응은 방귀, 고도가 높아지면 방귀가 더 많이 나온다고 한다. 실제로 우주 비행사들은 복부 팽만감으로 고생한다고 하는데, 나도 와라스에 도착하자마자 배가 부글부글 끓기 시작하더니 고생을 많이 했다. 내가 이 정도인데 비행기 승무원이나 고산 등반가들은 얼마나 힘들까 싶었다. 아무튼 이날 화장실에서 있었던 일들은 다시 생각하기도 싫다. 다행히도 첫날만 생고생하고 다음날부터는 점점 고도에 적응해갔다.

69호수를 찾아 떠나는 모험

남미 여행을 준비하는 사람이라면 '69호수Laguna 69'에 대해 한 번쯤은 들어봤을 것이다. 남미 여행의 지침 블로그라고 해야 하나? '하늘호수' 님의 블로그에 소개되어 있는 69호수. 하늘호수 님도 숙소 주인의 소개로 우연찮게 간 곳이라는데, 여하튼 블로그에 소개된 후 유독 우리나라 여행객

들이 많이 찾는다고 한다. 그런데 여행 오기 전에 검색한 바로는 69호수에 올라가다가 중도 포기한 사람들이 꽤나 많았다. '아니, 도대체 얼마나 힘들기에?' 나는 각오를 단단히 했다. 그곳에 다녀온 사람들이 블로그에 올린 호수 사진은 신비, 그 자체였다. 호수 뒤쪽의 돌산과 옥빛 물색이 어우러진 풍경은 나의 시선을 사로잡았다. 마치 흰색과 검은색으로 이루어진 흑백 사진에 물색이 하나 추가된 느낌이랄까. 나와 지영은 69호수만큼은 꼭 보고 오자고 다짐했었다.

드디어 D-day! 69호수까지는 차로 가야 한다. 그런데 둘이서 택시를 대절해 가기에는 비용이 부담스럽고, 이럴 땐 투어 회사가 굿! 어제 인터넷에 동행을 구한다는 글을 올렸더니 댓글을 주신 분이 있었는데 서로 시간이 엇갈려 만나지는 못했다. 와라스가 작은 동네여서 만약 그분이 투어 신청을 했다면 만날 수도 있겠다, 생각했는데 빙고! 그렇게 세 명이 69호수를 향해 출발했다.

와라스에서 차로 2시간을 달려 융가이 Yungay에 도착했다. 이곳에 와스카란 Huascarán 국립공원이 있고, 그 안에 우리가 찾아가는 69호수가 있다. 공원 안에는 여러 호수가 있으며, 각각의 호수마다 번호가 매겨져 있다. 69호수는 그중 하나였다.

첫 번째로 찾아간 호수는 양가누코 Llanganuco, 69호수를 보는 데 성공한 사람은 물론이고 실패한 사람들도 이 양가누코 호수 사진만큼은 꼭 갖고 있다. 블로그 등에서 사진으로 많이 봐서 그런지 처음 와본 곳인데도 눈에 익숙하다. 여기까지 왔으니 이제 곧 69호수를 볼 수 있겠지, 마음이 설렌다.

와스카란 국립공원에 온다면
누구나 볼 수 있는 양가누코 호수

　다시 우리는 차에 올라타고 비포장도로를 달렸다. 길이 어찌나 험한지 차가 부서질 것처럼 덜컹거린다. 이렇게 1시간 정도 더 올라가자 세보야 팜파Cebolla Pampa가 나왔다. 이곳의 해발고도는 3,900미터, 와라스를 기준으로 삼으면 그다지 높은 곳도 아니다. 여기서부터 69호수까지는 걸어서 이동하라는데, 설상가상으로 가이드는 길 같지도 않은 길에 우리를 내려주면서 알아서 찾아가라고 한다. 당황해하는 우리에게 고작 땅바닥에 약도를 그려줌으로써 자신의 소임을 다한 눈치다(나중에 보니 정말 기가 막히게 잘 그린 약도였다). "이 길을 우리끼리 가라고?" 하늘이 노랬지만 가라면 가야지! 가는 데 얼마쯤 걸리냐고 물었더니 2시간이란다. 사전 조사한

69호수로
올라가는 길

바로는 3~4시간인데, 진짜인지 농담인지 종잡을 수가 없었다. 아무튼 시작이 반이니 일단 시작이나 해보자.

우리는 처음부터 길을 헤맸다. 이 길이 맞는지 물어보고 싶었지만 주변에 보이는 건 소뿐이었다. 우리는 바닥에 난 운동화 자국과 종이 쓰레기를 지도 삼아 씩씩하게 걸어갔다. 걷기 시작한 지 2시간 30분쯤 지났을까, 호수가 하나 나왔다. 이건가? 그런데 사진 속 풍경과 너무 많이 다르다. 69호수가 아니었다. 조금 더 걸어가니 넓은 벌판이 나왔다. '아니, 도대체 얼마나 더 가야 하는 거야?' 슬슬 이 길이 맞는지 의심이 밀려들 무렵 표지판이 하나 보였다. 이 길이 맞긴 맞나 보다. 그때 69호수에 다녀오는 사람을 만났다. 그는 40분을 더 가야 한단다. '40분? 아마 이것도 그 사람 속도로 걸을 때 가능한 시간이겠지? 아까 보니 엄청 빨리 걷던데…….' 어림잡아 내 속도로는 1시간도 더 걸린다는 얘기다. 순간 기운이 쭉 빠진다.

마지막 관문인 절벽 같은 곳에서 현지인들을 만났는데 여기서 30분만 더 가면 나온단다. 날씨도 너무 좋았고 내 심장박동 소리를 느끼는 것도 좋았지만, 두 번 가라면 못 갈 것 같다. 지대가 높아 가만히 서 있어도 힘든 판에 걷고 또 걷고, 왜 가다가 포기하는 사람들이 많은지 이해가 된다. 하지만 거기까지 무사히 가는 사람들도 많다. 그들이 했다면 나도 할 수 있다. 이건 나와의 싸움이다. 30걸음 걷고 쉬고 또 30걸음 걷고 쉬고, 나중엔 10걸음도 못 걷고 쉬어야 했다.

거의 다 올라갔을 무렵 이번엔 유럽인 팀이 내려온다. 여기서 얼마나 더 가야 하냐고 물어보니 5분만 더 가면 된단다. 나는 호수가 어떠냐고 물어보았다. "무이 보니토 Muy Bonito(너무 예뻐요)!" 나의 기대치가 급상승했다. 드디어 마의 절벽을 다 올라가고 마지막 평지를 걷고 있는데, 함께 온 한국분이 기다리고 있었다. 같이 보면 기쁨이 배가 될 테니 같이 가자고 한다. 오~ 이분, 갓 메이드 보는 법 좀 아시네!

"와! 물이 어떻게 저런 빛깔이 나지?"

사진으로만 보던 69호수가 내 눈앞에 펼쳐졌다. 정말 흑백사진에 컬러 스팟으로 물 색깔만 잡아놓은 것 같은 호수가, 옥색 빛깔을 뽐내는 호수가 거기 있었다. 아, 진짜 너무 예뻤다. 좀 전까지 힘들었던 기억이 한순간에 사라졌다. 30분 정도 사진을 찍고 있는데 나보다 먼저 와 있던 콜롬비아 남자가 수영을 하려는지 호수로 뛰어들었다. 물이 엄청 차던데, 괜찮

을는지…….

　나는 페트병에 있던 물을 다 마시고 69호수의 물을 담았다. 더 머물고 싶었지만 기사 아저씨(가이드)가 그냥 가버릴까봐 2시 40분쯤 그곳을 출발했다. 2시에 도착해 40분이나 머물렀는데 고작 4분이 흐른 것 같다.

　지영은 고산병 때문에 69호수를 보지 못했다. 한국에서부터 함께 보자고 약속했건만 마지막 30분을 남겨두고 고산병으로 포기, 정말 안타까웠다. 차가 있는 곳까지 내려가는 데 걸린 시간은 2시간, 확실히 내려가는 게 쉽다. 나는 페트병에 담아온 호수물을 내려오면서 다 마셨다. 조금 찜찜하긴 했지만 목이 타니 그냥 꿀꺽~ "생수가 뭐 별건가, 이게 진짜 생수지!"

　만약 누군가가 69호수에 대해 묻는다면 꼭 가보라고, 그러나 같이 가 주지는 못한다고 할 것 같다. '오늘은 뭣 모르고 올라갔지만 알고는 못 올라갈 길이야…….' 몇 시간 전에 헤어진 기사 아저씨를 다시 만났다. 나를 버리고 가실까 걱정했다고 말하면 그는 뭐라고 대답할까? 그런데 아까 마지막 절벽에서 우리보다 먼저 내려간 유럽인들을 또 만났다. 그들은 차를 타지 못해 발만 동동 구르고 있었다. 에고, 투어로 오길 잘했네!

　돌아오는 길은 기사 아저씨의 차를 타고 편히 앉아서 왔다. 나는 차 안에서 기사 아저씨에게 "69호수에 몇 번 가봤어요?"라고 물었다. "무쵸 Mucho (매우 많이)!" 하긴 올라가는 데 2시간 걸릴 거라고 말한 분이니 수없이 다녔겠지. 어쨌든 나도 꿈에 그리던 69호수를 보았다. 그 감동, 그 뿌듯함을 어찌 말로 다 표현할 수 있을까. 비록 몸은 힘들었지만 이번 남미 여행 목표 중 하나를 무사히 달성했다.

3박 4일간의 산타크루즈 트레킹

첫째날, 2012년 1월 13일

69호수에 다녀오면서 이미 한 번 '고산'의 맛을 본 뒤라 '산타크루즈 트레킹Santa Cruz Trekking'을 앞두고 고민이 많았다. 하지만 환불은 안 되니 일단 가보기로 결정! 오늘도 어김없이 약속시간보다 30분 늦게 도착한 투어 차량, 이번 트레킹에는 외국인 참석자들도 많았다. 이들과 함께 3박 4일을 보내게 되겠지. 애초 계획은 2박 3일만 하고 되돌아오는 것(2박 3일이나 3박 4일이나 비용은 같았지만 우리의 체력이 달릴 것 같아서 2박 3일만 신청), 그런데 당나귀가 지고 가던 짐을 우리가 지고 7시간을 걸어야 한다기에 바로 포기했다. 7시간을, 그것도 무거운 짐까지 들고

높은 곳에서 내려다본 양가누코 호수

걸었다가는 7일을 앓아누울 것 같았다.

    오전 9시 30분, 어제 갔었던 융가이에 도착해 먼저 양가누코 호수를 방문했다. 그런 다음 다시 차에 올라타고 양가누코 호수가 한눈에 내려다보이는 곳까지 올라갔다. 올라가면서 69호수에 가기 위해 차에서 내렸던 곳을 지나쳤는데, 어제 일들이 새삼 떠올랐다.

    역시 위에서 내려다보는 풍경은 참 멋지다. 이래서 사람들이 자꾸 위로 올라가려고 하는구나! 잠시 뒤 다시 차에 타란다. 한참을 달려 어느 마을에 도착했다. 낮 12시, 점심시간이다. 밥을 먹는 동안 당나귀 드라이버가 우리의 짐을 당나귀 등에 옮겨 싣는다. 1시 30분, 드디어 출발이다. 발걸음 가볍게 시작했으나 역시나 힘들다. 오르막길을 오르는데 숨이 턱턱 막힌다. 물은 제공해준다고 들었는데 다른 사람들을 보니 다들 개인 페트병에 한가득 챙겨왔다. '아, 투어 시작할 때 주는 게 아니구나. 내일부터 산에 있는 물을 그냥 끓여서 주는 거구나!' 하는 생각이 퍼뜩 들었다. 하지만 이미 늦었다. 이미 내 물통은 바닥을 드러낸 상태, 다행히 함께 가는 루마니아 청년에게서 물을 얻을 수 있었다. 얼굴도 훈훈, 마음도 훈훈한 녀석…….

    총 3시간 30분을 걸어서 오후 5시쯤 숙소에 도착했다. 숙소라 해봐야 텐트인데, 먼저 도착한 당나귀 드라이버와 아들이 이미 다 쳐놨다. 난생처음 텐트에서 잘 생각에 마음이 들뜬 나는 밥이 완성될 때까지 텐트에 누워 있었다. 자연과 하나가 되는 느낌, 잠시나마 피로를 잊을 수 있었다. 오후 7시가 되자 스튜처럼 생긴 저녁밥이 완성되었다. 한 그릇 뚝딱 해치우고 물을 가지러 갔더니 요리가 하나 더 있다며 그거 먹고 준단다. 나와 지영은 스튜로 충분했기에 다른 요리를 거절하고 물을 얻었다.

신이 만든 대자연 속에
파묻힐 수 있는 트레킹

캬~, 갈증 끝에 마시는 물이어서 그런지 다디달다. 문득 하늘을 올려다보니 세상에, 세상에……. 그렇게 많은 별은 또 난생처음 본다. '내가 진짜 자연 한가운데 들어와 있구나!' 우리나라 시골에서도 이렇게 많은 별을 한꺼번에 본 적은 없었다. 한 가지 안타까운 점은 그 별이 카메라에는 잡히지 않는다는 것, 그날 밤 내 눈만 호강했다. 배도 부르고 갈증도 풀리니 잠이 밀려왔다.

둘쨋날, 2012년 1월 14일

전날의 피곤과 포만감으로 푹 잘 수 있을 거라고 생각했는데, 아니었다. 새벽에 너무 추워 저절로 눈이 떠졌다. '이렇게 추우면 누구 한 명 항의

할 법도 하건만 다른 팀은 안 춥나?' 하는 생각까지 들었다. 6시에 일어나 6시 30분에 아침을 먹고, 7시 30분에 트레킹 시작! 여기서 4시간을 올라가는 코스라고 한다.

시작부터 오르막길이다. 40분 걷다가 쉬고, 다시 출발. 트레킹 초반에는 나름 빨리 걸었는데, 가다 보니 체력이 떨어져 뒤처졌다. 앞서 간 사람들을 좀체 따라잡을 수가 없었고, 결국 내 앞뒤로 아무도 없는 상황이 되었다. 혼자 있으니 너무 좋았다. 사람한테 신경 쓰지 않아도 되고 생각도 많이 하게 되고, 이 상황이 너무 좋았다. 나는 셀카도 찍고 셀프 비디오도 찍으면서 혼자만의 시간을 즐겼다.

그러다 다른 투어 팀 가이드를 만났다. 그가 내게 어느 나라 사람인지 묻는다. 나는 한번 맞혀보라고 했다. '중국'과 '일본'이 먼저 나온다. 여기까지는 원래의 레퍼토리고 그다음에는 '한국'이 나올 차례인데, 웬걸? '태국', '싱가포르?' 점점 점입가경이다. 내가 '한국'이라고 말하자 '아~' 하는 대답이 나온다. 잘 모르는 표정이다. 아직 남미에는 한국을 모르는 사람들이 많다. 그 가이드가 손가락으로 어느 한 지점을 가리킨다. "저기 보이는 언덕 있지? 저것만 넘으면 평평한 길이야!" "오, 그래? 듣던 중 반가운 소리네" 평평한 길? 정말 잠깐 평평했다가 또다시 오르막길이다. '아이고~' 소리가 절로 터져나온다. 나름 강철 체력이라고 자부했는데 와라스에서는 종이호랑이가 된 기분이다. 지금까지는 앞서 간 사람들의 그림자라도 보고 쫓아갔는데, 설상가상으로 그림자마저 보이지 않는다. 지금 내가 있는 곳이 어딘지도 모르겠다.

길이 어딘지도 모르겠고, 나는 무작정 열심히 올라갔다. 그때 다른 팀

둘쨋날 숙소, 텐트 안에서 자려면 보온성 침낭은 필수!

의 당나귀 드라이버가 "거기로 가봤자 길도 없어! 내려와!"라고 소리친다. '이런, 저 가이드가 나를 봤으니 망정이지 다 올라갔으면 어쩔 뻔했어?' 우여곡절 끝에 목적지에 무사히 도착했다. 마지막 계단을 밟고 오르자 거기 있던 사람들이 박수를 쳐주었다. '아, 빨리 온다고 왔지만 박수 받을 속도였구나!'라는 생각과 함께 '한국 가면 열심히 유산소 운동을 해야겠다'라는 생각이 들었다.

  포인트에 올라서니 저기 너머로 호수가 보인다. 어제 봤던 69호수랑 비슷하다. 이래서 처음에 투어를 잡아준 가이드가 "69호수랑 비슷한 호수, 널리고 널렸는데 굳이 왜 거길 가려고 해? 산타크루즈에 가도 그런 호수는 많아"라고 했구나. 그래도 나는 69호수에 간 것을 후회하지 않는다.

69호수는 바로 코앞에서 봤고 이 호수는 멀리서만 보는 거니까, 게다가 69호수가 더 맑고 예뻤다. 이제 정상을 찍었으니 내려갈 일만 남았다. 2시간쯤 내려가면 된다니 마음이 놓인다. 역시 내려가는 건 그나마 쉽다.

오후 3시가 넘어서야 가이드가 텐트 칠 자리라고 알려주는 곳에 도착했다. 나는 간식으로 받은 건빵을 먹고 낮잠을 잤다. 자고 일어나니 또 저녁을 먹으란다. 구름이 껴서 어제만큼 별이 많지는 않았지만 그래도 공기는 최고다. 자려고 누웠는데 어제보다 바람소리가 더 세차고 비까지 추적추적 내린다. 아, 심상치 않다.

셋쨋날, 2012년 1월 15일

밤새 엄청난 추위와 싸웠다. 칠레 남부를 여행할 때 쓰려고 가져온 핫팩을 몸 여기저기에 붙였지만 너무 추우니까 별 소용이 없었다. 자다가도 몇 번씩 시계를 보며 '도대체 해는 언제 뜨는 거야? 이러다 얼어 죽겠네'라고 생각했었다. 걷기보다 더 무서운 게 새벽 추위였다. 드디어 기상시간, 트레킹 사흘째 날이 시작되었다.

산타크루즈 트레킹을 다녀온 사람들이 쓴 소감문을 보면, 이틀째가 제일 힘들다고 했으니까 오늘은 어제보다 힘들지 않겠지……. 가이드는 구름이 잔뜩 낀 하늘을 보더니, "위에 올라가면 예쁘긴 한데 날씨가 안 좋으면 아무것도 안 보인다. 오늘도 그럴 것 같으니 올라가지 말자"라고 한다. 그러고는 가다가 쉬다가를 반복한다. 위에 올라가지 않는 바람에 시간이 남아도나 보다. 덕분에 편하게 갔다. 길까지 가파르지 않고 평평해서 걷기에 참 좋았다. 쉬는 틈틈이 점프 샷도 찍고 주변 경치도 감상했다. 사람

평평해서 걷기 편했던
셋쨋날 코스

을 두려워하지 않는 야생 당나귀 두 마리도 만났다. 사람의 손길이 그리운지 계속 얼굴을 들이대었다.

　오후 3시, 텐트가 보였다. 사람들이 물살이 빠르지 않은 냇가가 있다며 수영하자고 난리다. 나와 친구는 당나귀와 함께 폴라로이드 사진을 찍으며 노는 걸 택했다. 한창 노는데 당나귀 드라이버의 아들, 미겔(8살 정도)이 관심을 보였다. '그래, 너도 있었구나, 한 장 찍어주마!' 폴라로이드 사진을 받아든 미겔은 무척 좋아했다. 우리도 냇가로 가서 발을 살짝 담가보았다. 너무 차가웠다. '잠시 발만 담가도 이렇게 차가운데 저들은 어떻게 물속에 들어갔을까?' 다들 대단하다.

　와우, 어디서 맛있는 냄새가 솔솔 난다 싶더니 오늘 간식은 팝콘! 팝콘을 먹고 텐트 안에 누워 있는데 문득 좀 전에 사진을 보면서 좋아하던 미겔의 표정이 떠올랐다. '미겔이 아버지와 함께 찍은 사진을 보면 얼마나 좋아할까?' 나는 그 부자의 모습을 폴라로이드 사진에 담아 선물하기로 하고 바로 실행에 옮겼다. 예상대로다. 어찌나 좋아하던지, 내 마음까지 환해졌다.

물이 고여 있지 않는 길을 찾느라 정신 없는 일행들

저녁 메뉴는 스파게티였는데 소스가 너무 적었다. 그래도 누구 하나 불평하는 사람이 없었다. 처음엔 나도 떡을 먹는 기분이었는데 자꾸 먹다 보니 제법 맛있었다. 3박 4일의 트레킹 중 오늘이 마지막 밤이다. 다들 아쉬운지 티타임이 끝나도 좀체 자리를 뜨지 않는다.

넷쨋날, 2012년 1월 16일

드디어 마지막 날, 그동안 함께 지낸 사람들과 많은 사진을 찍었다. 단체 사진도 찍고 개인 사진도 찍고, 이 사람들을 언제 다시 볼 수 있을까 생각하니 사진으로라도 남기고 싶었다. 돌아오는 길은 많이 힘들지는 않았다. 다만 내리막길을 너무 오래 걸어서인지 호스텔에 돌아와 보니 둘째발가락이 얼얼했다. 내 생에 처음으로 자연에서 먹고 자며 3박 4일을 보냈다. 살짝 긴장하고 갔었는데 아무 사고 없이 잘 마무리되어 다행이다.

★ Smart Travel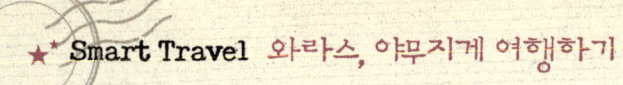

Q 와라스에서는 어디를 어떻게 가야 하지?

와라스에 온 대부분의 한국인들은 '산타크루즈 트레킹'이나 '69호수 트레킹'을 즐긴다. 다들 하늘호수 님의 블로그를 많이 참고하신 듯. 나중에 알았는데 '빙하 트레킹'도 당일치기로 가능하다.

산타크루즈 트레킹은 3박 4일이 걸리면서 체력적인 부담도 크기 때문에 시간과 체력이 다 되는 분들께 추천. 69호수 트레킹은 시간은 없는데 체력은 되는 분들께 추천. 빙하 트레킹은 시간과 체력 모두 안 되는 분들께 추천한다. 빙하도 볼 수 있고 어느 정도 높이까지는 말을 타고 올라가기 때문에 체력적으로도 크게 힘들지 않다고 한다.

산타크루즈 트레킹 Tip

- **침낭은 필히 두툼한 것을 준비할 것(대여 가능)**: 텐트 안이라고 해도 밤이면 엄청 춥다. 순진하게 실내용 침낭 속에서 잤다가는 나처럼 뼈가 시리는 경험을 할 수도 있다. 주의하길!
- **1리터 생수 한 통을 챙겨갈 것**: 물은 준다고 하지만 냇가에 흐르는 물을 그냥 끓여준다는 이야기이므로 트레킹 첫날에는 각자 마실 물이 필요하다. 물론 1리터 물통은 무겁다. 하지만 갈증 나는 것보다는 무거운 게 백배 낫다.
- **랜턴(손전등)은 필수**: 한밤중에 화장실에 갈 때 랜턴이 없으면 아예 길을 찾지

못한다. 헤드랜턴이면 더 좋고~.

- **고산병에 대비할 것**: 고산병이 있거나 의심된다면 아침마다 나오는 코카차를 많이 마시자. 코카잎을 물병에 넣어 두고 수시로 마시는 것도 좋다.
- **승합차에 짐 실을 때 특히 주의할 것**: 간혹 승합차 위에 짐을 싣는데, 이동 중간에 짐이 땅바닥에 떨어져버려 낭패를 당한 팀을 본 적이 있다. 그렇게 잃어버린 짐은 찾기도 어려울 듯.
- **트레킹 진행자에게 감사인사를 할 것**: 트레킹 마지막 날, 가이드와 당나귀 드라이버에게 팁으로 고마움을 표현하는 센스~!

고산증에 좋은 코카차

'치즈'의 경험에서 나온 투어 정보

69호수 트레킹(해발고도 4,600미터)

- 비용: 30달러(35,000원) 〈※나와 같은 날 투어한 사람은 60솔(26,400원)에 했다고 함〉. 국립공원 입장료 30일권 65솔(28,600원) / 1일권 5솔(2,200원) 별도
  ※ 페루 돈으로 1솔 sol은 우리 돈 440원 정도, 우리나라에서는 환전할 수 없으며 미국 달러 USD로 환전했다가 페루 현지에서 다시 바꿔야 한다.
- 소요시간: 13시간
- 내용

  06:30   출발

  09:00   와스카란 국립공원 입장료 지불

09:30   양가누코 호수 도착

10:00   69호수 트레킹 시작

14:00   69호수 도착

14:30   하산 시작

16:40   차 탑승

19:30   와라스 마을 도착

엄청 찬 69호수에서 수영하다니…

산타크루즈 트레킹(해발고도 4,750미터)

- 비용: 90달러(101,000원)
- 소요시간: 3박 4일(2012년 1월 13~16일)
- 내용

첫째날

06:30   출발

09:00   식당에서 아침식사(개별 지불)

10:00   양가누코 호수 도착

12:00   트레킹 출발 지점 도착 후 당나귀에 짐 싣고 점심식사

13:30   트레킹 시작

14:40   첫 번째 휴식

15:20   관리소에서 신상 기입

17:00   캠핑장 도착, 휴식

19:30   저녁식사

둘쨋날

06:30 기상 후 아침식사

07:30 출발

11:50 푼타 우니온 Punta Union 도착, 점심식사

13:15 다시 출발

15:30 캠핑장 도착, 휴식

15:50 간식(건빵 같은 과자) 타임

19:30 저녁식사

푼타 우니온
(해발고도 4,750미터)

셋쨋날 구름이 많이 껴서 목적지를 하나 포기하는 바람에 여유 있는 일정이었음

07:00 기상 후 아침식사

08:00 출발

11:30 점심식사

15:00 캠핑장 도착, 휴식

15:30 간식(팝콘) 타임

19:30 저녁식사

넷쨋날

07:00 기상

08:00 출발

10:45 트레킹 코스 끝

12:00 와라스로 출발

14:00 와라스 도착

3박 4일을
함께한 사람들

God made 속에서 빛나는 Man made 1
불가사의한 공중도시, 마추픽추

마추픽추에 간다면 와이나픽추도 꼭 가길

    고대 잉카인들의 흔적이 남아 있는 '마추픽추 Machu Picchu', 비록 신이 만든 걸작은 아니지만 대자연과 완벽하게 조화되어 진한 감동을 주는 곳이었다. 하지만 모든 사람들이 마추픽추에서 감동을 느끼는 건 아닌 듯하다. 남미 여행 중 마추픽추처럼 호불호가 나뉘는 곳은 드물었다. 국내의 경우 아직 남미 여행이 보편화되지 않다 보니 실제로 가본 사람들의 얘기를 듣기가 쉽지 않았다. 글이나 사진으로 접하면서 기대감만 상승. 하지만 실제로 가본 느낌은 그냥 옛날 사람들이 살던 터전이었다.

    일단 마추픽추에 가면 '이 거대한 돌들을 여기까지 어떻게 옮겼을까', '정말 외계인의 작품일까' 같은 생각들은 잘 나지 않는다. 그냥 눈앞에 펼쳐진 돌 건축물들을 보기에 급급하다. 종잇장 하나 들어가지 않을 만큼 정교하게 돌을 쌓는 기술은 과히 놀랍다. 누가 뭐래도 난 이곳이 좋았다. 특히 '와이나픽추 Huayna Picchu'에서 바라본 마추픽추가 너무나 좋았다.

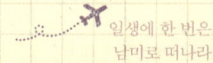

페루 남부 쿠스코Cuzco에 위치한 '마추픽추'는 케추아어로 '늙은 봉우리'라는 뜻이고, '와이나픽추'는 '젊은 봉우리'라는 뜻이다. 이름에 걸맞게 와이나픽추는 거의 젊은 사람들만 간다. 가는 길이 매우 험난하고 몹시 가파르기 때문에 젊은 사람들도 마지막에는 네발로 가게 되는 곳이 와이나픽추다.

체력이 된다 한들 찾아가는 사람을 모두 들여보내주지도 않는다. 하루에 400명으로 입장을 제한하고 있으며, 입장권도 인터넷으로 미리 신청해야 구할 수 있다. 남미는 워낙 교통과 날씨의 변수가 큰 곳이어서 일정에 차질이 생길까봐 현지에 도착해 표를 구입하는 경우가 많다. 마추픽추 역시 그러한데, 쿠스코에 도착해서 와이나픽추 입장권을 구입할 경우 성수기에는 2~3일 후에나 입장권을 받을 수도 있다(일정을 짤 때 고려).

입장권 구입도 쉽지 않고 가는 길도 험난한데 갈 이유가 있을까? 있다! 마추픽추가 별로였다고 말하는 사람들 대부분은 와이나픽추에 가보지 않은 경우였다. 와이나픽추에서 바라보면 마추픽추뿐만 아니라 그 옆의 산과 강, 길까지 한눈에 들어오기 때문에 마추픽추만 보고 가는 것과는 확실히 다른 감동이 있다.

와이나픽추에서 바라본 마추픽추

마추픽추에 가기 전날, 아구아스칼리엔테스Aguascalientes 마을에서 하룻밤을 묵었다. 밤에 비가 내렸다. 나는 '아침이면 괜찮아지겠지~' 하는 마음으로 잠이 들었다. 새벽 6시, 잠깐 일어났는데 비가 잦아들고 있었다. '음~ 좋아. 이대로라면 오늘 날씨는 문제없어~.' 새벽 7시 30분, 알람소리에 눈을 떠보니 빗소리가 제법 크다. 장맛비 저리 가라다. '이런, 비 맞으면서 마추픽추 가게 된 거야? 에이~, 설마~, 여태 우리의 날씨 운이 얼마나 좋았는데~ 곧 갤 거야~' 하고 생각하면서도 마음 한구석이 불안하다. 이렇게 날씨가 안 좋다가도 낮 12시면 갠다는 사전 정보를 들은 바 있어서 작은 희망을 안고 마추픽추로 출발했다.

1911년 7월, 미국의 고고학자 '하이램 빙엄 Hiram Bingham'이 '공중도시' 마추픽추를 발견했다. 그 공중도시에 쉽게 가기 위해 사람들은 산에 길을 냈고, 그 길에 그의 이름을 붙여 '하이램 빙엄 길'이라고 불렀다. 하이램 빙엄 길로 가는 버스의 편도 요금은 9달러, 왕복은 17달러다. 좀 비싸다는 생각이 들었지만 와이나픽추에 도착하기도 전에 사소한 데 힘 빼고 싶지 않아서 그냥 샀다. 대신 올라가는 표만 구입했다. 20~30분 정도 버스를 타고 올라가니 정말 마추픽추가 보인다. 돈만 있다면 마추픽추는 정말 쉽게 올 수 있는 곳이었다. 그래선지 마추픽추에는 나이 지긋하신 할머니, 할아버지들도 많이 보인다. 마추픽추에 올라오니까 다행히 비가 잦아들었다. 하지만 자욱하게 낀 안개 탓에 여기가 마추픽추인지, 수원 화성인지 구분이 안 갈 정도였다. 어차피 안개 때문에 마추픽추를 제대로 보기는 글렀고, 우리는 먼저 와이나픽추에 올라갔다 오기로 했다.

도중에 와이나픽추에서 내려오는 사람들을 만났는데, 주변 풍경이 하나도 안 보인다며 고개를 절레절레 흔든다. 나는 점심때쯤 개일 거라고 생각했기에 그 말에 개의치 않았다. 와이나픽추에 들어갈 때는 간단한 신상

> 저절로 네 발로 걷게 된다는
> 와아나픽추

정보를 적고 나올 때도 체크를 한다. 와이나픽추 경사가 너무 가파르다 보니 종종 실족사하는 경우가 있기 때문이라고 한다. 그래서 '나 잘 살아서 나왔습니다' 하는 의미로 체크를 하는 것이다.

 드디어 와이나픽추 등반 시작이다. 인터넷에서 하도 힘들다는 글을 많이 봐서 바짝 긴장했는데 생각만큼 힘들지는 않았다. 물론 어디까지나 '생각만큼'이다. 언제나 심하게 걱정한 일은 걱정한 것보다 작게 일어나는 것 같다. 고도의 차이도 있었다. 우리가 있던 쿠스코는 해발 3,457미터의 고원지대에 위치한 도시인 반면 마추픽추는 2,350미터, 와이나픽추 정상도 2,720미터에 불과했다. 내게는 오히려 쿠스코에서 비탈길 조금 올라가

는 게 더 힘들었다.

　어느 정도 올라가다가 뒤를 돌아보니 마추픽추가 조금 보인다. 안개도 조금씩 걷히는 것 같다. 1시간 정도 더 올라가니 정상이다. 정상까지는 꽤나 험난해 보이는 터널 같은 길과 가파른 길을 통과해야 한다. 이미 정상에는 일찍 올라온 사람들로 바글거렸다. 그런데 정상 주변이 너무 가팔라 오래 서 있을 수가 없었다. 그래도 정상을 밟은 게 어디야. 우리는 정상을 찍고 내려와 마추픽추를 조망하기 좋은 곳에 자리를 잡았다. 그곳에서 한국 여성을 한 분 만났다. 직장에 2주 휴가를 내고 오셨단다. 우리는 3개월이라는 시간을 갖고 왔지만, 2주밖에 안 되는 시간을 남미에 투자한 그 언니를 보며 참 대단하다는 생각이 들었다. 그분 말로는 다른 한국인들도 함께 왔는데 기차시간 때문에 그냥 내려갔다고 한다. 조금만 더 머물렀으면 안개가 걷혔을 텐데, 괜히 내가 더 속상했다.

　시간 여유가 있는 여행자라면 필히 다음날 아침 기차표를 사는 게 좋다. 하루 날씨가 수시로 변하는 이곳에서는 때론 시간에 구애받지 않고 기다릴 수도 있어야 한다. 셋이 쪼르르 앉아 초코바도 나눠 먹고 서로에 대해서도 이야기하다 보니 어느새 구름이 걷히고 마추픽추가 선명하게 시야에 들어왔다. 와, 대박! 진짜 너무 좋다~. 내가 하이램 빙엄이라도 된 기분이었다. 사진으로만 보던 마추픽추 모습과는 너무도 달랐다. 우루밤바 강과 마추픽추 마운틴, 하이램 빙엄 길과 함께 있는 마추픽추를 보니, 마추픽추 안에서 마추픽추를 구경하는 것보다 훨씬 좋았다. 맨 메이드도 갓 메이드와 어울려 있으니 와 닿는 느낌이 확 달랐다.

하지만 하이램 빙엄 길은 좀 아쉬웠다. 옛날에는 저 길도 나무로 채워져 있었을 텐데, 하는 마음이 들었기 때문이다. 솔직히 한 폭의 멋진 그림에 스크래치가 나 있는 느낌이었다. 하긴 저 길이 없었다면 몸이 불편하거나 체력이 달리는 사람들은 마추픽추 근처에도 못 와봤을 것이다. 이렇게 생각하니 그 길이 조금은 용서가 되었다.

잠시 뒤 함께 경치를 감상하던 한국인 언니가 기차시간 때문에 먼저 내려갔다. 시간 걱정 없는 나와 지영은 좀 더 앉아서 마추픽추를 눈에 담았다. 오후 1시쯤 다시 빗방울이 굵어졌다. 더 머물고 싶었지만 날씨가 도와주지를 않는다. 내려오는 길은 올라갈 때보다 덜 힘들고 시간도 덜 들지만 가파른 경사 때문에 위험하다. 특히 비가 올 때는 미끄러질 수 있으니 더 조심! 여담으로, 와이나픽추에 오르면서 계단을 세면서 올라갔는데 1,000개 넘기고서부터 기억이 안 난다. 몇 개였지?

와이나픽추 입구에서 이름을 적은 뒤 걷다 보면 갈림길이 나온다. 오른쪽은 와이나픽추로 가는 길이고, 왼쪽은 '스몰 와이나픽추'라 불리는 후추이픽추Huchuy Picchu로 가는 길이다. 사실 후추이픽추에 대해선 전혀 몰랐는데, 와이나픽추 정상에서 만난 한국인 언니가 말해주었다. 나는 그곳도 가보기로 했다.

갈림길에서 후추이픽추까지는 빠른 걸음으로 10분이면 도착한다. 후추이픽추 정상에서 마추픽추를 바라본 순간, 여기 온 게 전혀 후회되지 않았다. 와이나픽추에서 정면으로 멀리 있는 마추픽추를 봤다면 후추이픽추에서는 좀 더 가까워진 마추픽추를 측면에서 바라볼 수 있다.

솔직히 점점 더 굵어지는 빗방울 보며 '후추이픽추에 갔는데 마추픽추가 안 보이면 어쩌지' 하는 걱정도 있었다. 하지만 구름이 마추픽추 위에만 머물러준 덕분에 후추이픽추에서도 마추픽추를 감상할 수 있었다. 어디선가 본 글인데 '여행은 주어진 만큼만 볼 수 있다'고 한다. 내가 아무리 욕심내봐야 자연이 따라주지 않으면 어쩔 수 없다는 뜻이겠지? 비록 물에 빠진 생쥐꼴이었지만 나는 자연에 감사했다. 자연이 나에게 이만큼이나 허락해줬다는 사실이 그저 고마울 따름이었다.

드디어 마추픽추 구경

후추이픽추에서 더 오래 머물고 싶었지만 점점 더 퍼붓는 비 때문에 서둘러 하산해야 했다. 그래도 사진은 몇 장 건졌다. 와이나픽추 입구에 오니 비를 피할 수 있는 처마가 보인다. 우리는 10분 정도 그곳에 앉아서 비가 잦아들기를 기다렸다. 후추이픽추에 가지 않은 지영은 그새 관리인 아저씨와 친해졌는지 곧잘 이야기를 나눈다. 그런데 대화중에 아저씨가 와이나픽추에서 찍은 사진을 한번 보여달란다. 사진을 보여주니 카메라를 거꾸로 뒤집어서 본다. 신기하게도 '콘도르(남미에 사는 독수리처럼 생

후추이픽추에서 보이는 마추픽추의 또 다른 모습

긴 새)'와 닮았다. 우리가 관심을 보이자 아저씨는 카메라를 이리저리 돌려가며 설명해준다. "이쪽 부분은 '퓨마'처럼 생겼고, 저쪽 부분을 보면 '잉카인 얼굴' 같지 않아?" 어떤 모양은 '에이~ 그건 좀 억지다~' 하는 생각도 들었지만, 이들에게는 그렇게 보이나 보다. 덕분에 새로운 걸 배워간다.

비가 좀 그친 틈을 타 마추픽추 구경에 나섰다. 관리인 아저씨도 우리를 따라온다. 동물이라면 환장하는 내가 마추픽추에 사는 '야마Llama'를 보고 그냥 지나칠 리 없었다. 관리인 아저씨한테 야마랑 같이 사진 찍어도 되냐고 물어보니 오케이란다. 그런데 주인공인 야마가 도와주지를 않는다. 요리조리 피하는 바람에 폴라로이드 사진이 웃기게 찍혔다.

관리인 아저씨는 폴라로이드 사진이 신기했는지 여태 찍은 것을 다 보여달란다. 그런데 이 아저씨, 잘 나온 사진을 몇 장 가지겠다며 나머지 사진만 돌려주는 게 아닌가. 절대 안 되지! 나는 폴라로이드 사진을 한 장 찍어주는 것으로 이 사태를 매듭짓고 싶었다. 마침 지나가는 다른 관리인 아저씨가 있어서 나와 지영, 아저씨 셋을 찍어달라고 부탁했다. 당연히 그 폴라로이드 사진은 아저씨께 선물로 드렸다.

그런데 이 아저씨들, 여기서 그치지 않고 퇴근 후 저녁 7시에 아르마스 광장에서 함께 저녁을 먹잔다. 오 마이 갓! 남미를 여행하다 보면 동양 여자들이 흔히 겪는 일이다. "미안해요. 저녁에 한국 친구들과 같이 밥 먹기로 했어요." 지영의 이 한마디로 우리는 그 자리를 모면할 수 있었다. 그 뒤 시간은 마추픽추를 감상하는 데 썼다. 와이나픽추에서 내려다볼 때만큼은 아니지만 감동이 밀려왔다. 문득 '이 산속에 이걸 지어놓은 잉카인들은 도대체 어떤 사람들이었을까' 궁금해진다.

마추픽추 대표 포토존 '망지기의 집'에서 우리와 따로 간 수영이 찍은 사진

다 돌아보지도 못했는데 다시 구름이 스멀스멀 모여든다. 마추픽추 제일 꼭대기까지 올라가봐야 하지 않을까, 하는 마음이 살짝 들었지만 이미 나나 지영이나 많이 지친 상태. 게다가 구름까지 많으니 올라가봤자 아무것도 안 보일 거라는 생각이 들었다. 결국 하산 결정! 여행할 때는 이런 귀찮은 마음을 버려야 하는데, 솔직히 이날 내려와서 마추픽추 위에 올라가지 않은 걸 무척 후회했다. 와이나픽추에서 마추픽추를 바라본 기쁨에 젖어 '마추픽추'의 가장 대표적 포인트인 '망지기의 집 Recinto del Guardián'을 안 가고 내려온 것이다. 물론 날씨가 안 좋아서 가봤자 헛수고였을지도 모르지만, 아무튼 후회막심이었다. 올라갔는데 아무것도 안 보인 것과 가지

않아서 보지 못한 것은 차이가 있으니까……. 마추픽추를 다녀오면서 여행의 노하우가 하나 더 쌓인다. 설령 못 본다 한들 일단 가보자!

가보지 않고서는 절대 모른다

A한테 물었다. "마추픽추 어땠어?" A가 말한다. "마추픽추? 거기 가봤더니 별로였어~." 이런 말을 들은 B가 남미에 갔다. B에게 물었다. "마추픽추 어땠어?" B가 말한다. "거기 별로라던데? 그래서 안 갔어~." 내가 가보고 별로라고 말하는 것과 남의 말만 듣고 별로라고 말하는 것에는 엄청난 차이가 있다. 바로 '경험'이 깔려 있느냐, 없느냐 하는 것에서 이 둘은 확연히 다르다.

여행을 하면서 호불호가 많이 나뉘는 곳을 만난다. 열 명 중 여덟아홉 명이 별로라고 하는 곳 외에 어중간하게 나뉘는 곳이라면 일단 가보라고 권하고 싶다. '별로'라는 말을 듣고 간 나에게 마추픽추는 맨 메이드가 주는 또 다른 '감동'이었으므로……. 만약 가보니 별로였다고 한들 경험을 얻었으므로 이제 다른 사람한테 자신 있게 A처럼 말할 수 있다. "내가 가봤는데 별로야~."

여행의 감동은 다 제각각이다. 그날의 날씨나 여행자에게 주어진 상황에 따라 같은 곳에서 느끼는 감동도 다 다르다. 만약 누군가가 물으면 "그러니까 너도 가지 마~"라고 하기보다 "그런데 너도 한번 가봐~"라고 말해줬으면 좋겠다.

마추픽추의 모습. 오른쪽에 보이는 높은 산이 와이나픽추

★ **Smart Travel** 마추픽추, 야무지게 여행하기

Q 마추픽추는 무엇무엇을 닮았을까?

와이나픽추 입구에서 우연히 만난 관리인 아저씨는 와이나픽추에서 바라본 일반적인 마추픽추의 모습에서 콘도르, 퓨마, 잉카인 얼굴, 이 세 가지 형상을 찾을 수 있다고 했다. 어찌 보면 닮았고 어찌 보면 억지 같은데 그래도 아저씨는 그렇게 믿는 눈치였다.

① 콘도르(마추픽추 사진을 180도 뒤집을 경우)

〈출처: http://funkman.org〉

② 퓨마 얼굴

페루인들은 콘도르와 퓨마를 무척 좋아한다. 그래서 자기네들 눈에는 퓨마 얼굴처럼 보이는 듯, 내 눈엔 그냥 사자 얼굴 정도로만 보였다.

③ 잉카인 얼굴

그 당시엔 잉카인 얼굴이 제일 끼워 맞춘 모양이라고 생각했는데, 역시나 돌아서니 생각이 안 난다. 잉카인 얼굴 모양은 와이나픽추에서 바라본 마추픽추의 모습보다 마추픽추에서 바라본 와이나픽추의 모습에서 더 잘 나타나는 것 같다.

〈출처: http://apworldny.blogspot.kr〉

아구아스칼리엔테스 마을에서 숙박 없이 마추픽추 이용 Tip

아구아스칼리엔테스는 순전히 마추픽추 관광객의 주머니에서 나오는 돈으로 먹고사는 마을이다 보니 모든 게 비싸다. 식당도, 슈퍼도, 숙소도! 그래서 이곳에서 숙박하기를 꺼리는 여행자들이 많다. 살인적인 물가라고들 하지만, 잘 찾아보면 의외로 숙박비가 저렴한 곳이 나타난다. 나는 마추픽추 가기 전날과 당일, 이렇게 이틀을 이 마을에서 묵었다.

그렇다면 아구아스칼리엔테스에서 숙박하지 않고 마추픽추에 가려면 어떤 코스가 좋을까? 일단 쿠스코에서 아침 일찍 출발하는 건 일정상 너무 힘들고, 전날 오얀타이탐보Ollantaytambo에서 숙박하는 것이 가장 좋다. 그곳에서 아침 기차를 타고 아구아스칼리엔테스로 들어와 바로 마추픽추로 올라가면 된다. 이때 짐은 어디다 맡기지? 마추픽추 입구에 짐을 보관하는 곳이 있으며, 비용은 3솔(1,300원) 정도 한다. 마추픽추에서 필요한 물품만 챙기고 나머지 짐을 그곳에 맡긴 후 편하게 마추픽추를 감상한 뒤 저녁 기차를 타고 나오면 된다.

마추픽추에 가기 위해 거쳐야 하는 곳

쿠스코 → 오얀타이탐보(페루레일을 탈 수 있는 곳) → 아구아스칼리엔테스(마추픽추가 있는 마을)

이름이 생소하다 보니 이해가 잘 안 가는 사람들이 많을 것이다. 처음엔 나도 그랬다. 쿠스코에서 바로 아구아스칼리엔테스까지 데려다주는 교통편이 있으면 좋겠지만, 여러모로 따졌을 때 오얀타이탐보에서 기차를 이

오얀타이탐보에서 출발하는 기차

용하는 것이 시간과 비용 면에서 훨씬 경제적이라고 한다. 간혹 우기(1, 2월) 때 폭우로 인한 철로 문제로 기차 운행이 중단되는 경우도 있으니 참고할 것. 마추픽추도 다른 곳들과 마찬가지로 '날씨 운'이 많이 필요한 곳이다.

'치즈'의 경험에서 나온 투어 정보
마추픽추 & 와이나픽추

- 비용: 와이나픽추 입장권 152솔(65,000원), 마추픽추행 기차요금 66달러(76,500원), 마추픽추 버스 편도요금 9달러(10,000원)
- 소요시간: 8시간
- 내용

    09:00   마추픽추행 버스 타고 출발

    09:30   마추픽추 입구 도착

    10:30   와이나픽추 등반 시작

    11:30   와이나픽추 정상 도착

    13:50   와이나픽추 하산 시작

    14:15   후추이픽추 등반 시작

    14:25   후추이픽추 도착

    14:40   후추이픽추 하산 시작

    14:50   마추픽추 도착 후 10분 정도 비를 피한 뒤 마추픽추 관람 시작

    16:00   마추픽추 아웃 후 걸어서 하산 시작

    16:50   하산 완료

와이나픽추입구 전경. 구름에 가려진 와이나픽추가 보인다

3장

소금사막 우유니가 반기는
볼리비아 Bolivia

God made 6 물 | 코파카바나

바다보다 예쁜 호수, 티티카카

볼리비아의 코파카바나는 어떤 느낌일까 브라질 리우데자네이루Rió de Janeiro에 있는 코파카바나 Copacabana는 세계에서 알아주는 해변이다. 세계 3대 미항에 리우데자네이루가 들어 있는 이유가 바로 코파카바나 해변 때문이라고 하니 더 무슨 설명이 필요하겠는가. 그런데 이 코파카바나가 볼리비아에도 있다. 볼리비아와 페루의 국경에서 티티카카Titicaca 호수를 끼고 있는 곳이 바로 코파카바나다. 많은 여행자들이 티티카카 호수를 보기 위해 코파카바나를 찾는다. 흔히 가이드북에 소개된 티티카카 호수는 페루 푸노Puno에서 본 것이다. 하지만 여행자들 사이에서는 코파카바나에서 보는 호수가 더 아름답다고 알려져 있다. 푸노의 이미지가 너무 상업적인 데다가 쓰레기까지 많다고 하니, 우리도 볼리비아 코파카바나로 가야겠다.

호수인지, 바다인지 분간이 안 돼

티티카카 호수의 첫 느낌은 '정말 이게 호수라고? 바다라고 해도 믿겠다'였다. 남미 최대의 담수호이며, 대호로서는 세계에서 가장 높은 곳에 위치한 호수라고 하니 바다처럼 보일 만도 하다. 해발고도 3,800미터에 있는 코파카바나에서는 하늘이 손에 잡힐 듯 가깝기 때문에 구름도 늘 낮게

구름과 가까워 더 예쁜
코파카바나

떠 있다. 파란 호수와 수평선에 걸린 하얀 구름……, 보기만 해도 마음이 편안해진다.

국민소득이 2천 달러 수준인 볼리비아는 남미에서도 가난한 나라에 속한다. 당연히 국토를 개발하는 데 쓸 돈도 부족하다. 이 말은 인간의 손길이 닿지 않은 곳이 많다는 얘기며, 달리 표현하면 자연 그대로의 모습을 간직한 곳이 많다는 얘기도 된다. 그래서 내게는 더 매력적인 곳이었다.

사실 코파카바나보다는 '태양의 섬Isla del Sol'에서 바라보는 티티카카가 훨씬 더 아름답다. 따라서 우리도 코파카바나에서 곧장 태양의 섬으로 넘어가는 일정을 염두에 뒀는데, 이놈의 짐이 문제다(큰 짐은 코파카바나에

맡기고 가는 게 좋다). 게다가 마추픽추부터 여기까지 쉬지도 못하고 와서 피곤이 쌓이기도 했다. "오늘은 그냥 코파카바나에서 자고 내일 태양의 섬에 가자." 이렇게 마음먹은 우리는 인터넷으로 미리 봐둔 호텔을 찾아갔다 (말이 호텔이지 우리나라의 모텔 수준). 1박에 60볼(9,500원)을 부른다.

치즈   내 친구가 여기 30볼(4,800원)이래서 왔는데, 무슨 소리야?
주인   지금 1월은 성수기라서 안 돼. 2월은 돼야 그 가격에 줄 수 있어.
치즈   (60볼? 비싼 가격은 아니지만 애초 알고 왔던 가격과는 차이가 큰데, 어쩌지?)
주인   그럼, 50볼에 해줄게.
치즈   50볼도 너무 비싸. 우리 다른 데 갈게.
주인   그럼 40볼(6,300원)에 해줄게. 더 이상은 안 돼.
치즈   (10볼이면 1,600원 정도니까) 그래! 40볼 OK!! 와이파이는 되니?
주인   아니, 코파카바나는 인터넷이 귀한 곳이야.

호텔방은 인터넷에서 본 대로 깨끗하고 좋았다. 그런데 좀 쉬다가 나갔더니 웬걸, 와이파이 되는 숙소가 널렸다(가격이 좀 세긴 했지만). 우리는 내일 태양의 섬으로 들어가는 배 시간을 알아본 뒤 점심을 먹고, 라파즈La Paz로 가는 버스 시간을 확인했다. 그때 내 눈에 '알파카(양처럼 생긴 동물)'가 들어왔다. '와, 너무 귀엽다!' 사진 좀 찍어도 되냐고 물으니 2볼(300원)을 달란다. '알파카랑 사진 찍는데 그깟 돈이 문제야!' 나만 완전 신났다.
코파카바나 해변에서 오른쪽을 바라보니 무슨 전망대 같은 곳이 보였

다. 사람들도 보이기에 우리는 어떻게 가는지 물었다. 그냥 이 길 따라 가면 된단다. 입장료도 없단다. '슬리퍼 신고 그 높은 데까지 갈 수 있을까, 운동화로 바꿔 신을까' 잠시 고민하다가 그냥 출발. 정말, 정말 예쁘다. 올라와보길 정말 잘했다. '어쩜 구름이 이렇게 예쁘지?' 고산이라 우리나라 바다에서 볼 수 없는 풍경이었다. 내려오는 길, 결국 슬리퍼 때문에 미끄러져서 엉덩방아를 찧었다.

저녁은 와이파이가 되는 식당에서 먹기로 했다. '해피아워 happy hour(특별 할인 시간대)'라고 써진 와이파이 식당에서 우리는 간만에 한국 친구들과 카카오톡으로 수다도 떨고, 페이스북으로 세상과 소통했다. 게다가 해피아워 타임이라 모히토랑 피스코사워 두 잔을 30볼(4,800원)에 먹었다. 한참 먹고 있는데 피스코사워 두 잔이 더 나왔다. '와! 이게 뭐지? 여기는 오래 있으면 나가라는 소리 대신 음료를 더 주나?' 이렇게 생각하며 한 모금 쭉 빼는데 종업원이 다가와 멈칫한다. '뭐야? 잘못 나온 거였나?' 종업원이 그냥 먹으란다. '다른 테이블에 가져갈 것을 잘못 내왔나?' 그런데 아무리 둘러봐도 다른 테이블에 다시 피스코사워를 가져다주지는 않는다.

진짜 우리에게 주려고 했던 건지, 잘못 가져온 건지는 아직도 수수께끼다. 호텔 통금시간이 밤 11시라 우리는 10시쯤 그곳을 나왔다. 비가 한바탕 쏟아져서 공기가 상쾌하다. 둘이 배부르

도도하던 알파카

전망대에서 내려다본 티티카카 호수

게 먹었는데도 우리 돈으로 만 원 정도밖에 안 나왔다. 물가가 싼 나라 볼리비아, 아주 마음에 든다.

태양의 섬에서 태양과 가까워지다

다음날, 오후 1시 30분 배로 태양의 섬에 들어갔다. 2층짜리 배였다. 우리는 2층에 앉으면 경치도 잘 보이고 기름 냄새에서도 해방된다고 해서 타자마자 2층에 자리를 잡았다. 장점이 있으면 단점도 있는 법. 좌석도 아닌 곳에 오래 앉아 있으니 좀이 쑤신다. 풍경도 처음에만 예뻤지, 1시간쯤 지나니 그 풍경이 그 풍경이다. 2시간 30분을 가야 하는데 벌써부터 지루하다. 바람에 한기까지 느껴진다. 옷을 껴입고 배 한가운데에 그냥 누웠다. 따사로운 햇살을 받으며 그렇게 스르르 눈이 감겼다. 1시간쯤 잤을까, 정신을 차리니 섬들이 눈에 띈다. 새로운 풍경에 눈이 바빠지기 시작했다. 2시간 30분 중 1시간을 자면서 왔더니 금세 도착한 기분이다.

태양의 섬은 북쪽과 남쪽에 입구가 있고, 가운데 부분에 트레킹 코스가 있다. 길의 난이도는 제주도 올레길 정도라는데, 남쪽에서 시작하면 처음부터 가파른 계단을 올라야 한다. 그래서 우리는 북쪽에서 남쪽으로 가는 루트를 선택했다. 일몰이 아름답다는 말을 익히 들었기에 우리의 계획은 트레킹 중간에 제일 높은 지대에서 일몰을 본 후 하룻밤을 자고, 다음날 천천히 남쪽으로 내려와서 배를 타고 다시 코파카바나로 돌아가는 것이었다. 혹시나 해서 우리는 트레킹 시작 전에 관리인에게 섬 중간에 호스

세상에 이런 곳이
있다니……

텔이 있냐고 물었다. 없단다. 숙소는 오직 북쪽과 남쪽 입구에만 몰려 있단다. 이런, 또 일정이 틀어지게 생겼군!

이렇게 되면 최대한 빨리 걸어서 해가 지기 전에 남쪽 입구에 도착해야 한다. 예상 시간은 4시간, 현재 시간은 오후 4시. 8시쯤이면 해가 완전히 져 어둑어둑할 시간이었다. 서둘러 트레킹을 시작했다. 호스텔에 도착한 후 여유롭게 시간을 보내려고 넷북까지 들고 왔는데 짐만 늘었다.

트레킹을 시작하는 입구에서 동네 꼬마들이 나와 입장료를 받는다. 인터넷에서 사전 조사한 바로는 이런 경우 그냥 무시하고 가거나 혹은 10볼이라고 적힌 표를 달라고 하면 무사통과할 수 있단다. 우리는 표를 달라는 방법을 썼는데, 이 녀석들, 어디서 구했는지 10볼이라고 적힌 표를 떡하니 내민다. 하는 수 없이 그냥 무시하고 가는 방법을 썼더니 아예 철문을 닫아버린다. 휴~ 10볼을 주는 수밖에……, 얄미운 녀석들.

30분쯤 올라가니 눈이 휘둥그레질 만큼 아름다운 풍경이 펼쳐진다. 어제 본 티티카카의 매력이 한층 더 업그레이드되었다. 너무 강렬하지도,

> 햇빛이 강하기 때문에
> 아무렇게나 찍어도 화보가 되는 곳,
> 태양의 섬

환하지도 않은 오후 5시의 적당한 햇살을 받아 파란 호수가 더 파랗게 빛나고 있다. 수평선에 걸려 있는 맑은 뭉게구름, 중간 부분에 먹구름이 있었는데 그 앞으로 무지개가 떠 있다. 내가 지금 보고 있는 건 풍경이 아니라 상상 속에 나오는 그림 같았다.

기술 없이 카메라 셔터를 눌러도 화보로 메모리에 기억되었다. 고도가 높다 보니 오르막길을 찍으면 마치 하늘로 올라가는 길처럼 보인다. 휴대전화로 대충 찍은 사진조차 인터넷에 돌아다니는 예쁜 사진이 되었다.

이렇게 예쁜 풍경을 감상하며 걸으니 지루할 틈이 없다. 늦게 출발한 탓에 여유를 부릴 수 없는 현실이 안타까울 따름이었다.

    태양의 섬 트레킹을 하면서 총 세 번 정도 통행세를 받는 사람을 만난다고 한다. 첫 번째 사람을 만났다. 10볼 정도 요구하면 순순히 주려고 했으나 30볼을 요구한다. 이것 하나만 있으면 다 통과되는 티켓이란다. 어이가 없다. 그래봤자 다음 지점에서 또 돈을 내야 할 게 뻔하다. 우리는 할아버지의 요구를 못 들은 척하면서 빠른 걸음으로 그곳을 떠났다. 혹여 할아

구름이 많지만 나름
분위기 있는 일몰

버지가 쫓아오면 어쩌나 싶었는데 다행히 따라오지는 않는다.
    트레킹 코스는 소문대로 평범했다. 올레길이라 말하기 딱 좋을 것 같다. 간간이 양을 모는 아이들도 만났고 반대편에서 걸어오는 사람들도 지나쳤지만 트레킹 내내 우리와 같은 방향으로 가는 사람은 없었다. 오히려 우리는 이 점이 좋았다. 사람들이 붐비지 않으니 고즈넉해서 좋았고, 게다가 늦게 출발한 탓에 통행료를 받는 사람도 보이지 않았다. 자연을 느끼며 걷다 보니 남쪽 마을이 보인다. 예상보다 30분 일찍 도착했다. 어서 빨리 숙소를 잡고 무거운 넷북이 든 가방을 내려놓고 싶었다.
    태양의 섬에 있는 숙소들은 하나같이 다 허름했다. 선착장에서 가까

운 숙소 중 마음에 드는 곳을 찾겠다고 돌아다니는 사이에 날이 더 어두워졌다. 그나마 제일 괜찮아 보이는 곳으로 들어갔더니 화장실이 딸린 침대 2개짜리 방 하나에 50볼(8,000원)을 부른다. 이 방보다 훨씬 좋은 코파카바나의 숙소도 40볼이었는데, 이건 아니다. 돌아서는 우리에게 30볼(4,800원)에 해주겠단다. '그럼 그렇지, 여기도 남미구나!' 숙박 일지를 적는데 24일 이후로 손님이 없다. 오늘이 28일이니까 며칠째 아무도 찾아오지 않았구나, 싶었다.

피곤해서 그냥 쓰러져 자고 싶었지만 여기까지 고생스럽게 들고 온 넷북이 안쓰러워 전원을 켰다. 코파카바나, 이렇게 예쁜 곳이 우리나라 가이드북에는 왜 소개되지 않았을까. '론리 플래닛' 시리즈에는 있다던데……. 때론 기대하지 않은 곳에서 더 큰 감동이 찾아온다. 역시 가이드북보다 현지에서 얻은 따끈따끈한 정보가 최고다.

★ **Smart Travel** 태양의 섬, 야무지게 여행하기

Q '태양의 섬'은 어떤 곳일까?

원래 계획에는 태양의 섬이 없었다. 쿠스코에서 부랴부랴 일정을 짜서 가게 된 곳이다. 배 시간을 몰라 애먹었던 기억이 난다. 코파카바나에서 태양의 섬으로 들어가는 배는 8시 30분, 13시 30분, 이렇게 하루 두 번 있다(일요일 제외). 그런데 참 희한한 게 들어가는 배는 15볼(2,500원)이고, 나오는 배는 20볼(3,200원)이다. 이 정보를 알고 갔기에 순순히 지불했지, 몰랐으면 바가지 쓴 기분이었을 것이다. 태양의 섬은 티티카카 호수에 있는 36개 섬 중 하나인데, 아름다운 풍경을 즐기며 트레킹하는 묘미가 있다. 누구든 그곳에 간다면 잔잔한 티티카카 호

한적한 시골 같은 태양의 섬

수와 뜨거운 태양이 만나 연출하는 풍경에 넋을 잃을 것이다.

　태양의 섬에서 바라보는 일출과 일몰은 유명하다. 하지만 뭉게구름이 많은 곳이어서 하늘이 맑은 상태로 일출이나 일몰을 보는 건 운이 따라야 가능하다. 구름이 있어도 나름 운치 있으니 실망은 금물. 태양이 워낙 강렬하다 보니 휴대전화로 찍어도 사진이 화보처럼 나온다. 이 말은 곧 내 피부에 자외선 차단제가 필수라는 얘기다. 또한 트레킹 도중에 화장실을 사용하기 어려우니 반드시 출발 전에 다녀오길! 북쪽에서 남쪽으로 가는 배마저 요금을 더 받는다고 하니, 북쪽 숙소에 짐을 맡기고 트레킹한 다음 찾아갈 생각은 하지 말도록. 큰 짐은 가급적 코파카바나에 두고 오는 게 현명하다.

　나오는 배 역시 하루에 두 번 정도 있다. 오전에는 10시 30분쯤에, 오후에는 4시쯤에 있다. 배가 자주 다니지 않으므로 일정을 짤 때 태양의 섬에서 하루 묵

자연보다 더 아름다운 그림은 없다

기를 권한다. 그래야 여유를 갖고 천천히 둘러볼 수 있다. 코파카바나에서 라파즈로 가는 버스는 자주 있으니, 배 시간만 주의하면 여행 일정을 짜는 데 어려움이 없을 것이다.

태양의 섬 트레킹 Tip
남쪽이나 북쪽 중 어느 한 곳에서 출발해 반대편으로 내려오는 코스. 남쪽에 있는 가파른 계단을 고려해서 트레킹 코스를 잡는 게 좋다. 북쪽에서 남쪽으로 가면 그 계단을 내려가게 되고, 남쪽에서 북쪽으로 가면 그 계단을 올라가야 한다. 또한 남쪽에서 북쪽으로 가면 계단을 오르는 수고를 해야 하나, 태양과 같은 방향으로 걷기 때문에 북쪽에서 일몰을 잘 볼 수 있다.

　트레킹 도중 통행료를 징수하는 사람을 만날 텐데, 꼭 내야 할 의무는 없다. 보통 10볼(우리 돈으로 약 1,600원) 정도를 부르는데, 어려운 이웃 돕는다 생각하고 주는 것도 한 방법. 솔직히 배낭여행 중에는 한 푼이라도 절약하는 게 몸에 배어

통행세 받는 할아버지

10볼도 아깝다. 나는 트레킹을 늦게 시작했더니 통행료 받는 사람이 다 퇴근하고 없었다.

태양의 섬(해발고도 3,820미터)

- 소요시간: 4시간
- 내용

첫째날

13:30　코파카바나에서 태양의 섬으로 출발
16:00　태양의 섬 북쪽에 도착 후 트레킹 시작(북쪽→남쪽)
19:15　트레킹 종료

둘째날

10:30　태양의 섬에서 코파카바나로 돌아
　　　오는 배 탑승
12:00　코파카바나 도착 후 점심식사
14:00　라파즈행 버스 탑승

걸어서 하늘까지

God made 7 소금사막 | 우유니 소금사막

빛과 소금 그리고 물이 만든 기적

남미 여행의 꽃, 우유니 소금사막 사실, 나는 남미 여행을 준비하면서 '우유니Uyuni'의 존재를 처음 알았다. 그런데 남미 여행을 하면서 만난 많은 사람들이 우유니 때문에 왔다는 얘기를 듣고, 이곳이 '남미 여행의 꽃'으로 통하는 곳임을 실감했다. 우유니가 세상에 많이 알려진 데는 소금사막이 있었다. 광활한 소금사막에 비가 내리고 빛이 비치면 믿지 못할 광경이 펼쳐진다. 한 차례 비가 지나간 자리에 물이 고이면 하늘이 그대로 그 안에 담긴다. 수면에 비친 파란 하늘의 뭉게구름……. 마치 거울로 온 세상을 비춰보는 듯하다. 글로는 그 감동을 제대로 전할 수 없다. 하지만 사진을 본다면 분명히 "지구상에 이런 곳이 있구나! 가고 싶다!" 하는 마음이 들 것이다.

특별한 곳이지만 비가 안 내리면 그냥 소금사막에 불과하다. 어떤 여행자는 비가 적당히 내려서 한쪽은 물이 차 있고, 다른 쪽은 물이 다 빠져나간 우유니 소금사막 Salar de Uyuni의 두 모습을 보았다고 한다. '아, 이게 진짜 최고일 듯……, 나도 이 모습을 볼 수 있을까?' 나는 여행을 떠나기 한 달 전부터 빗물이 차여 있는 우유니를 보게 해달라고 간절히 기도했다. 내 꿈은 이루어질 수 있을까?

세상에서 가장 큰 거울

볼리비아의 실질적 수도인 라파즈에서 우유니 소금사막까지는 야간 버스로 10시간 정도 걸린다. 폭우로 길이 유실되어 더 걸릴 거라는 말이 있었으나 그새 복구되었는지 제시간에 도착했다. 도착해서 가장 먼저 할 일은 투어 회사 선택하기. 그토록 갈망해온 우유니인 만큼 첫날은 당일 투어를 통해 소금사막을 즐기고, 다음날은 2박 3일 투어를 통해 칠레로 넘어가면서 우유니를 한 번 더 볼 생각이었다.

버스에서 내리자 홍보에 열을 올리는 투어 회사 가이드들이 보였다. 나는 가이드에게 소금사막에 물이 많이 차 있냐고 물었다. "무쵸 아구아Mucho Agua(많은 물)!" 물 찬 우유니를 볼 수 있다는 생각에 벌써부터 들뜬다.

투어 시작 전에 잠시 시간이 있었던 우리는 영어를 할 줄 아는 가이드와 이야기를 나누었다. 그리고 그에게 한국 동전을 선물로 주었다. 외국인에게 처음 받아보는 선물이라며 연신 고맙다는 인사를 전하는 가이드, 잠깐 자리를 비우더니 기념품을 사온다. 자기는 줄 게 이것밖에 없다며 현지 문양이 들어간 주머니를 전하는데, 나도 선물 주는 가이드는 처음이다. 동전 하나에 오가는 따뜻한 정.

당일 투어 코스는 기차무덤Cementerio de Trenes과 소금으로 만든 공예품을 파는 콜차니Colchani 마을 구경, 그리고 피날레로 소금사막. 기차무덤과 콜차니 마을에서는 '이런 곳도 있구나' 하는 정도로 간단히 둘러보고, 최종 목적지인 소금사막으로 이동했다.

드디어 내가 그토록 원하던 소금사막에 왔다. 군데군데 물이 고인 웅

우유니 투어의
첫 번째 코스, 기차무덤

덩이를 보며 '무쵸 아구아'는 따로 있겠지, 생각했다. 아~ 기대된다. 사진으로만 보던 소금 호텔이 있는 곳까지 차로 들어왔다. 그런데 내가 상상하던 풍경이 아니다. 군데군데 듬성듬성 물이 차 있는 소금사막, 이 그림이 아닌데……. 하늘이 물에 비치기는커녕 메마른 소금사막만 눈에 들어왔다. '가이드가 분명 물이 많이 차 있다고 했는데, 그냥 하는 말이었나?' 기대가 컸던 만큼 실망감도 컸다.

가이드가 챙겨주는 점심도 먹는 둥 마는 둥 하고 앉아 있는데 지영이 말을 건다. "치즈야~ 저기 왜 저렇게 사람들이 많지? 저기는 물이 차 있는 것 같지 않아?" 지영이 가리킨 곳을 봤더니 과연 사람도 많고, 사람들이 물에 비친 모습도 보였다. 야마고기를 마저 먹고 서둘러 그곳으로 갔다.

군데군데 보이는
소금 무더기

커다란 거울로 변한
우유니 소금사막

'우유니'니까
가능한 마법

꺄오~, 물이 있었다.

    내가 바라던 우유니의 모습이 펼쳐졌다. 정말로 꿈은 이루어졌다. 3밀리미터 정도 차 있는 물은 수평선과 지평선이 포개지는 기적 같은 장면을 연출했다. 파란 하늘에 떠 있는 하얀 뭉게구름이 물에 그대로 비쳐 마

치 내가 구름을 밟고 서 있는 것 같았다. 셔터를 아무리 많이 눌러도 성에 안 차고, 이렇게 멋진 곳을 나 혼자 보는 게 미안했다. 가족과 함께 왔더라면…….

우유니 소금사막을 차로 달리면 소금이 많이 튀어서 차가 쉽게 망가진다고 한다. 그래서 투어 회사들 모두 일반 승용차가 아닌 지프차를 이용한다. 우유니를 찍은 사진에는 이 지프차가 물에 비친 모습이 꼭 담겨 있다. 나도 꼭 찍어보고 싶었다. 사진은 빛이 가장 중요한데, 이곳은 햇살이 강렬해서 카메라가 좋지 않아도 아주 예쁘게 나온다. 또 우유니 소금사막에서는 원근감이 사라지기 때문에 재밌는 사진 연출이 가능하다. 사람이 물병 위에 올라가 있는 모습이나 캔 안에 들어가는 모습의 사진을 찍는 게 우유니에서는 가능하다. 친구랑 물병 위에도 올라가고 손바닥 위에도 올라가고 아주 신이 났다. 이렇게 물이 차 있어도 뭉게구름이 없으면 물에 비치는 모습이 덜 예쁠 수 있는데, 오늘은 구름도 아주 적당히 예쁘게 있다. 우유니에서의 하루는 기대 이상이었다. 나에게 예쁜 모습을 보여준 우유니, 고마워!

빛과 소금, 물의 조화가 어쩜 이렇게 아름다운 광경을 만들어내는 건지, 동영상을 찍어서 친구들에게 보여주면 마치 천국을 보는 듯 감탄한다. "지구상에 이런 곳도 존재하는구나!" 남미 여행의 베스트로 꼽을 만큼 예뻤던 우유니에서 다시 한 번 갓 메이드의 위대함을 생각해본다.

Smart Travel 우유니 소금사막, 야무지게 여행하기

Q 우유니의 '소금'은 어디서 왔을까?

안데스 산맥이 우유니 사막의 동쪽과 서쪽을 벽처럼 감싸고 있다. 해발고도 6,000미터의 산이 비구름을 막아주기 때문에 이 지역은 몹시 건조한데, 그 때문에 소금이 생겼다. 원래 이곳은 넓은 계곡이었으며, 안데스 산맥에 내린 비가 넓은 지역에서 광물과 소금을 싣고 와 이 계곡을 채웠다고 한다. 다른 데로 빠져나갈 수 없었던 계곡물은 이곳에 그대로 고였다가 사막 기후로 인해 증발했고, 결국 소금만 남게 되었다. 이 과정이 수십만 년 동안 반복되면서 소금과 광물이 조금씩 쌓이기 시작했다. 시간이 흐르면서 원래 땅의 굴곡은 사라지고 그 자리엔

넓고 평평한 소금 평원이 생긴 것이다.

　헬렌 프리커 박사는 연구를 통해 "우유니 사막은 아주 평평한데, 가장 낮은 곳부터 높은 곳까지의 차이가 50센티미터를 넘지 않는다"는 사실을 밝혀냈다. 우유니 사막은 지구상에서 가장 넓고 평평한 곳이다. 때문에 물이 얇은 막처럼 퍼지고 거울 같은 역할을 할 수 있는 것이다.

<u>우유니 소금사막 여행 Tip</u>
① 태양 조심!
우유니는 사막이다. 당연히 사막 기후이고, 태양도 엄청 강렬하다. 그런데 소금이 하얀색이다 보니 햇빛을 반사한다. 선글라스가 없으면 눈을 뜨기가 힘들 정도

'우유니' 하면 떠오르는 대표적 풍경

다. 이런 소금사막에서 반팔 반바지 차림으로 있다간 화상을 입기 십상이다. 자외선 차단제를 듬뿍듬뿍 바르고, 이왕이면 긴 옷을 입어야 피부를 보호할 수 있다 (함께 간 언니는 7부 바지를 입었는데 종아리에 바지선이 그대로 남았다. 빨갛게 된 부분은 여행 중 물집이 잡히고 살갗이 벗겨졌다. 아무래도 제대로 화상을 입은 듯했다. 여행을 마치고 1년이 다 돼가도록 그 언니의 종아리는 원래 상태로 돌아오지 않았다).

누군가 만들어놓은 소금성

② 구름 조심!

물이 찬 우유니 하늘에 떠 있는 하얀 뭉게구름~ 너무 예쁘다. 하지만 이런 구름을 경계해야 할 때가 있으니 바로 밤이다. 나도 해보고 싶었지만 정보 부족으로 포기한 경험인데, 투어 회사를 잘 살펴보면 일몰도 보고 별 뜨는 것도 보는 투어가 있다(오후 3~9시). 물이 찬 우유니에 별이 뜨면 수많은 별들이 물에 비친다고 한다. 마치 하늘에 뿌려놓은 보석이 땅에 내려온 것처럼. 이 광경을 못 보고 온 게 너무나도 아쉽다. 하지만 이것도 날씨 운이 따라줘야 가능한 일, 구름이 많으면 하늘의 별도 보기 힘들다. 맑은 밤하늘과 물 찬 우유니가 조화를 이루어야 볼 수 있는 광경이라고 한다. 삼대가 덕을 쌓아야 볼 수 있다는 지리산 천왕봉 일출처럼 이곳도 그러할까?

'치즈'의 경험에서 나온 투어 정보

우유니 사막 데이 투어(당일 투어)

- 비용: 100볼(15,000원)
- 소요시간: 6시간
- 내용

  11:00   출발

  11:30   기차의 무덤(더 이상 사용하지 않는 기차를 마을 외곽에 모아놓은 곳)

  12:30   콜차니 마을(소금으로 가공된 기념품을 구경하거나 구입하는 곳)

  13:30   우유니 소금사막

  13:50   점심식사(여행자들이 소금사막에서 사진 찍고 구경하느라 정신없는 사이에 운전사는 4륜구동차의 트렁크를 열고 점심을 차린다. 주 메뉴는 야마고기. 점심을 먹은 뒤 우유니 소금사막을 제대로 즐김)

  15:30   소금사막에서 출발(바로 마을로 가지 않고 소금사막 입구에서 한 번 더 내려줌)

  16:30   마을 도착

콜차니 마을

※ 원래는 '물고기 섬'이라 불리는 '페스카도 섬Isla del Pescado'에도 들어갔다 나오는데, 우리가 갔을 때는 비가 많이 와서 차가 들어가지 못해 건너뛰었다.

God made 8　바람 | 우유니

몸은 힘들었지만 눈은 호강했던 2박 3일

볼리비아 국경을 넘어 칠레까지　우유니에서 칠레로 넘어가는 방법 중 하나는 '2박 3일 투어'를 이용하는 것이다. 2박 3일 중 하루는 우유니 1일 코스와 같이 움직이고, 이후 2일 동안 조금씩 조금씩 칠레로 넘어가는 투어다. 볼리비아는 아직 생활시설 등이 낙후된 곳이 많아서 2박 3일 동안 제대로 씻지도 못하고 전기도 못 쓰는 건 감수해야 한다. 대신 2박 3일 동안 플라밍고와 여러 색채를 띠는 호수, 광활한 자연, 풍화작용으로 깎인 바위, 간헐천 등 트레킹으로 느낄 수 없는 것들을 경험할 수 있다. 여행자들 대부분이 거쳐 가는 코스지만, 자연에 관심 없고 사서 고생하는 여행이 싫은 사람들은 우유니에서 바로 칠레나 아르헨티나로 넘어갈 수도 있다.

우유니 2박 3일 투어

첫쨋날, 2012년 2월 2일

　페루 쿠스코에서 같은 숙소를 썼던 한국인 네 명을 우유니에서 다시 만났다. 그분들과 2박 3일 투어를 같이하면 지프차 한 대를 우리끼리만 쓸 수 있을 것 같았다. 서로 마음도 잘 맞아서 함께 다니면 재밌겠다 싶었는

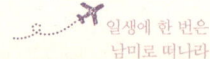

데, 다른 투어 회사에 신청하실 거란다. 그런데 우리가 700볼(11만 원)에 예약한 투어가 거기에서는 600볼(94,000원)이다. 환불만 가능하다면 우리도 그분들을 따라가고 싶다. 지영이 꾀를 내 아픈 척 연기까지 하며 환불을 요구했지만 볼리비아 사전에 '환불'은 없나 보다.

잠시 뒤 다른 투어 회사에 신청하겠다는 분들이 우리 쪽에 자리가 있냐며 물어왔다. 가려고 했던 회사는 이미 투어 인원이 다 차서 더 이상 신청을 받지 않는단다. 이렇게 된 이상 인원도 많으니 그들을 650볼에 받아주면 안 되겠냐고 투어 회사에 물었다. 가이드는 우리한테 미안해서 안 된다고 했지만 우리가 괜찮다고 하자 650볼에 받아주었다. 이렇게 해서 우리는 한 팀이 되어 한차로 움직일 수 있게 되었다. 외국인들과 2박 3일을 보내는 것도 나쁘진 않지만 그래도 한국 사람들과 있는 게 여러모로 편하다. 차 안에서 한국 노래도 들을 수 있고, 의사소통도 잘되니 말이다. 우여곡절 끝에 한국인 팀이 꾸려졌다.

2박 3일 투어의 첫 번째 코스는 어제와 마찬가지로 기차무덤에 갔다가 소금 공예품을 파는 콜차니 마을에 들른 다음 우유니 소금사막에 가는 것이다. 기차무덤에 도착, 사진을 찍는데 하늘 사진이 정말 기가 막히다. 고도가 높은 곳이라 어딜 가도 하늘이 가깝게 느껴진다. 어제 한 번 왔던 곳이어서 그런지 금세 지루해진다. 어제와 같은 코스라면 차라리 소금사막에서 시간을 더 보내고 싶었다. 우리 의견이 반영되어 기차무덤 관광을 여기서 끝내고 바로 소금사막으로 출발~. 당연히 콜차니 마을도 그냥 통과다.

지프차에 탔는데 우리 팀 드라이버 미겔이 보이지 않는다. 도대체 어

딜 간 거야? 한참 뒤에 돌아온 미겔, 다른 팀 차를 고쳐주고 왔단다. 내가 고친 것도 아닌데 괜히 내 어깨가 으쓱해진다. 이게 다 한 팀이라는 이유 때문이겠지?

우유니 소금사막 입구에 도착했다. 어젯밤에 내린 비로 입구 풍경이 달라졌다. 어제보다 물이 많이 차 있어서 확실히 더 예쁘다. '남미의 꽃'이

어제보다 더 파란 우유니 하늘

라는 타이틀이 무색하지 않게 봐도, 봐도 질리지 않는다. 하얀 뭉게구름 몇 점이 떠 있는 파란 하늘과 지프차 한 대가 하얀 소금사막에 비치는 모습, 지금 내 눈앞에 그 모습이 펼쳐져 있다. 이 순간이 얼마나 감사한지……. 일행이 많아지니 사진도 더 다양하게 찍을 수 있어서 어제와 또 다른 느낌이다.

또 하나의 착시 효과

차를 타고 어제 점심을 먹었던 소금 호텔까지 들어갔다. 소금 호텔 주변은 거의 마른 상태였는데, 이런 곳에서는 착시현상 사진을 찍으면 좋다. 미겔이 점심을 준비하는 동안 우리는 소금사막에서 착시현상 사진을 찍었다. 생각보다 쉽지는 않았지만 몇 장은 건졌다.

점심은 야마고기, 이 동네는 야마가 흔하다 보니 야마고기를 많이 먹는다. 맛은 돼지고기나 쇠고기하고 비슷하다. 점심도 어제보다 더 맛있고 모든 게 술술 풀리는 듯했다. 소금사막을 나가는 길이 왜 그렇게 아쉽던지, 내 생애에 이곳을 다시 찾을 기회가 주어질까.

이제 우유니 마을에서 스페어타이어를 싣고 출발하는 일만 남았다. 그때 청천벽력 같은 소식을 전하는 가이드. 우리가 묵을 곳이 다 차서 오늘은 여기 호스텔에서 자고 내일 새벽 일찍 출발해서 나머지 일정을 소화하자는 것이다. '뭐, 어쩔 수 없지.' 가이드가 안내한 호스텔은 좋았다. 깨끗하고 따뜻한 물도 잘 나오고.

그런데 문제는 저녁부터 시작됐다. 원래 예정대로라면 미겔이 우리의 저녁식사를 만들어줘야 했지만, 영어 한마디 할 줄 모르는 투어 회사 관계자들이 와서 우리를 데려간 곳은 현지 식당이었다. 문제는 음식 수준이 우리가 생각한 것 이하라는 사실. 우리는 더 좋은 곳으로 데려가지 못할 거면 원래 예정대로 미겔이 와서 음식을 만들어줘야지, 이 현지 식당은 도대체 뭐냐고 화를 냈다. 영어를 한마디도 못하는 사람들에게 말이다. 잠시 뒤 영어를 할 줄 아는 가이드가 와서 우리에게 문제를 물었다. 우리는 "너희가 실수를 해서 일이 틀어졌으면 우리에게 더 좋은 서비스를 해줘야지, 똑같이는 못해줄 망정 더 안 좋은 곳으로 데려오면 어떡하냐?"라고 따졌다. 그 가이드는 "너희 투어 금액에서 책정된 식비는 이 정도다. 다른 투어 팀은 무엇 무엇을 먹는데 너희는 왜 더 비싼 서비스를 바라냐? 그러면 그 이상에 해당하는 비용은 너희가 부담해라. 우리는 수지타산이 안 맞아 못 해준다. 우리는 너희가 편히 잘 수 있도록 여기 호스텔도 잡아주었고 저녁도 그 값에 상응하는 곳에 데려갔는데, 도대체 뭐가 문제냐?"라고 한다.

한참을 실랑이하다가 결국 투어 회사로부터 저녁 식비를 몇 불 더 받는 것으로 일단락 지었다. '투어 회사에서 잘못한 일을 영어를 할 줄 안다

미겔이 준비한 점심. 야마고기

는 이유로 그 가이드에게 따졌으니 그 사람도 얼마나 답답했을까'라는 생각이 들면서 조금 미안해졌다. 어쩌면 우리가 잘못된 생각을 가지고 있었는지도 모른다. 주최 측에서 잘못하면 더 좋은 서비스로 보상해주는 우리나라 문화가 몸에 배어 있던 탓에 당연히 그들도 그렇게 해줘야 한다고 생각한 것이다. 지금도 그 가이드와는 SNS로 연락하고 지낸다. 가이드 일에 어찌나 열심인지, 내 친구들에게 볼리비아에 놀러오면 자기를 찾아달라고 홍보까지 한다.

둘쨋날, 2012년 2월 3일

4시 30분에 일어나 대충 씻고 집결 장소로 나갔다. 서둘렀는데도 10분 지각이다. 예정대로라면 5시 출발인데 미겔의 모습이 보이지 않는다. 다른 팀은 소금사막으로 일출을 보러 갔는지 이미 다들 떠나고 없다. 추위에 달달 떨면서 30분을 더 기다렸더니 미겔이 나타난다.

"미겔, 어떻게 된 거야?" 하고 물으니 잠자는 포즈를 취한다. 늦잠을 잤나 보다. 일행 중 가장 나이 많은 오빠가 차에 오르자마자 "고마워, 미겔~"이라고 한다. 나는 깜짝 놀랐다. 나라면 지금 이 상황에서 서툰 에스파냐어로 미겔에게 잘잘못을 따졌을 것이다. 그런데 한 박자 쉬고 생각해보니 그 오빠가 옳았다. "이렇게 늦어서 어쩔 거야?" 하고 따져 물은들 뭐가 달라지겠는가. 물은 이미 엎질러졌고 지금이라도 우유니를 떠날 수 있음에 감사해야지. 큰오빠한테 하나 배웠다.

우리는 차 안에서 부족한 잠을 보충했다. 2시간 반 정도 달려서 도착한 곳은 산후안 San Juan 마을, 그곳에서 빵과 차가 나오는 전형적인 남미 아

침을 배불리 먹고 다시 차에 올랐다. 어제 일정이 틀어지지 않았다면 이곳에서 잤을 것이다. 그런데 주변을 쭉 둘러보니 우유니에서 하루 더 머문 게 어쩌면 더 잘된 일일 수도 있겠다 싶었다. 비록 다른 팀보다 늦게 출발했지만 미겔의 운전 실력 덕분에 곧 다른 팀과 만날 수 있었다.

첫 번째로 눈에 들어온 것은 바람에 의해 깎인 갖가지 모양의 바위들이었다. 미겔이 독수리처럼 생긴 바위가 있다며 손으로 가리킨다. 조금은 억지 같았지만 다들 달려가 사진을 찍는다. 그때 꼬리는 다람쥐이고 얼굴은 토끼처럼 생긴 '비스카차Vizcacha'가 나타났다. 친칠라과의 설치동물이라는데, 특이한 생김새가 눈길을 사로잡아 더 가까이서 보고 싶었지만 한 걸음 다가갈 때마다 더 멀리 도망간다. '비쿠냐Vicuña'도 많이 보였다. 처음에는 야마인 줄 알았는데 생김새가 야마보다 더 귀여운 듯해서 미겔에게 물어보니 비쿠냐란다. 이 녀석들도 겁이 많아서 멀리서만 볼 수 있었다. 호기심 어린 눈빛으로 우리를 뚫어져라 쳐다보던 그 모습이 아직도 눈에 선하다. 사람이 손대지 않은 이곳에서는 대자연을 그대로 느낄 수 있었다. 우유니 마을보다 고도가 더 높은지, 하늘과 더 가까워져 있었고

얼굴은 토끼,
꼬리는 다람쥐를 닮은
비스카차

호기심도 많고 겁도
많은 비쿠냐

만년설로 덮인 산들과 이름 모를 풀들이 우리 눈을 즐겁게 해주었다.

우리는 점심을 먹으러 '에디온다 호수Laguna Hedionda'에 들렀다. 이 호수는 소금 함유량이 많아 소금 띠가 보이기도 하는데, 소금기가 있는 얕은 물과 진흙 바닥은 플라밍고가 서식하기에 최적의 조건이라고 한다. 명성답게 몇 백 마리의 플라밍고가 모여 있었다. 하지만 역시나 사람이 다가가면 날아가기 때문에 줌이 좋은 카메라는 필수. 그런데 이 호수, 비린내가 심하다. 유황이 섞여 있어서 달걀 썩은 냄새가 올라온다. '에디온다Hedionda'의 뜻이 '비린내가 나는, 악취가 나는'이라니, 이름을 정말 사실적으로 붙여놓은 셈이다.

그 와중에 플라밍고들은 예쁜 분홍빛 자태를 뽐내며 악취가 나는 곳에서 먹이를 잘도 찾는다. 플라밍고의 선입견이 깨지는 순간이다. 예쁜 색깔을 갖고 있어서 아름답고 깨끗한 곳에서만 살 것 같았는데 이런 냄새 나

냄새가 고약했던
에디온다 호수

는 곳에 모여 있을 줄이야. 아마 동물원에서 플라밍고를 봤다면 이 사실도 몰랐겠지.

점심시간이 다 되어서 가봤더니 닭고기와 파스타 면만 있다. 페루 산타크루즈 이후 파스타에 대한 두 번째 충격이다. 이번엔 볼리비아 방식인가? 배고프다 보니 군말 없이 케첩에 비벼서 다 먹었다. 여행을 하면서 불평하기보다는 '좋은 게 좋은 거지' 하는 긍정적인 생각을 하게 되었다. 이런 내 모습에 나도 놀랄 때가 많다. 만약 일행 중에 불평하는 사람들이 있었다면 나도 한마디 거들었을 텐데, 좋은 사람들과 같이 투어할 수 있어서 참 감사하다. 과연 이 모습을 한국에 가서도 계속 유지할 수 있을지는 장담할 수 없지만, 주변 사람들에게 긍정적인 기운을 뿜어내는 사람이 되겠다는 생각은 변함없을 것이다. 이번 여행에서 배워가는 것 중 하나다.

다시 차에 올라타고 한참을 달렸다. 계속되는 비슷한 풍경에 졸기도

세월의 흔적이 담겨 있는
나무 모양의 돌

독수리 모양으로
깎인 돌

하고 일행과 수다도 떨면서 이동하다 보니 독수리 바위에 이어 버섯 모양 바위가 나왔다. 풍화작용으로 만들어진, 이 지역에서 가장 유명한 두 개의 바위다. 그런데 비 때문에 제대로 보지는 못했다. 그나마 사진이라도 많이 찍어 다행이었다. 나는 버섯 모양 바위라고 생각하는데, 이 나라 사람들은 '나무' 모양이라고 불렀다. 독수리든 버섯이든 나무든, 바람이 지나가면서 돌을 이렇게 깎아놓으려면 얼마나 오랜 시간이 걸렸을까?

오늘 마지막으로 보게 될 곳은 '콜로라다 호수Laguna Colorada'다. 이름부터가 '붉은Colorada'인데, 역시나 붉은색을 띤 호수였다. '붉은 호수'를 떠올리면 왠지 징그러울 것 같은데 실제로 가보니, 완전히 빨간색은 아니어서 보는 데 불편하지 않았다. 오히려 우리나라에서 볼 수 없는 현상이라 신기했다. 호수가 붉은색을 띠게 된 이유는 조류의 색소와 붉은색의 퇴적물 때문이라고 한다. 콜로라다 호수에도 수많은 플라밍고가 산다. 플라밍

> 붉은 빛이 감도는
> 콜로라다 호수

고가 많이 서식하고 있는 것을 보니 이 호수도 소금기가 많은가 보다.

　우리는 콜로라다 호수를 뒤로 하고 오늘밤 우리가 묵을 숙소로 향했다. 가는 길에 국립공원 입장료(150볼, 우리 돈 23,500원)를 내는 곳이 있는데 달러를 안 받으니 꼭 '볼'을 준비해야 한다. 사전에 돈도 다 준비했고 그냥 통과하기만 하면 되는데, 문제가 생겼다. 미겔이 갖고 있는 뭔가가 만료된 것 같았다. 정확한 이유도 모른 채 거의 1시간을 붙잡혀 있었다. 다행히 잘 해결됐지만 얼마나 걱정했는지 모른다. 일을 처리하고 온 미겔도 우리에게 미안했던지 하소연을 한다. 에스파냐어로 이야기해서 하나도 못 알아들었지만…….

드디어 콜로라다 산장에 도착! 시설은 듣던 대로 열악하다. 화장실 변기 물도 잘 안 내려가고, 세면대 물도 쫄쫄쫄 나오니 겨우 양치하고 고양이 세수할 정도다. 게다가 남녀 공용. 짐을 풀고 현지 꼬마들과 땅따먹기 놀이를 하며 시간을 보냈다. 지영이 갖고 온 제기와 공기가 제 역할을 톡톡히 했는데 어린아이들은 물론이고 다른 외국인 친구들까지 함께 놀면서 하나가 되었다.

저녁은 빵, 수프, 스파게티 그리고 각 테이블마다 와인 한 병씩! 이번 스파게티는 소스까지 있다. 다 같이 들뜬 마음에 돌아가며 건배를 외쳤다. 한국식 파도타기~ 그때 옆 테이블의 브루스가 우리 테이블로 와 마치 와인 테이스팅을 해주는 웨이터처럼 연기를 한다. 그 덕에 더 맛있게 와인을 마실 수 있었다.

저녁 후 9시까지는 자유시간. 테이블에 앉아서 넷북으로 일기를 쓰고 있는데, 옆에서 카드게임을 하던 사람들이 같이하자고 한다. 저녁식사 때 브루스와 한 테이블에 있던 친구들이다. "나, 카드게임 못해"라고 했더니 알려주겠단다. 이런 기회를 놓칠 내가 아니지. 방법을 들어보니 쉽다. 유쾌한 이 친구들과 친해져서 연락처도 주고받았다. 여행을 하면서 이렇게 한번 보는 인연들이 참 소중하다. 겨우 하루 이틀 만났는데도 SNS를 통해 계속 연락을 주고받고, 어떨 땐 오랜 친구처럼 느껴지기도 한다. 9시가 되자 전체 건물이 소등되었다. 전기가 부족한 곳이라 어쩔 수 없다. 손전등 하나에 의지해 미처 끝내지 못한 일들을 마무리하고 각자 침소로 돌아갔다. 엄청 춥다는 이야기를 들었는데, 여름이어서 그런지 많이 춥지는 않았다. 제일 불편한 건 화장실, 그래도 이곳에서의 시간은 걱정한 것보다는 잘 흘러갔다.

셋쨋날, 2012년 2월 4일

　2박 3일 투어의 마지막 날, 오늘도 역시 새벽 5시 출발이다. 어제 너무 많이 움직였는지 눈뜨기도 힘들다. 여기까지 와서 게으름 피울 순 없지! 밖으로 나오니 정신이 번쩍 든다. 상쾌한 공기에 머리가 맑아지고, 하늘에 무수히 떠 있는 별들을 본 순간 눈이 번쩍 떠진다. 이런 게 바로 자연 속에서 얻는 힐링이지~.

　오늘의 첫 번째 코스는 간헐천. 어떤 구멍에서 수증기처럼 연기가 올라오고 있었다. 자세히 보니 사람이 인공적으로 박아놓은 배관이다. 슬리퍼를 갖다 대니 하늘로 높이 솟았다가 떨어진다. 재미 들려서 또 해보고, 또 해보고……. 어젯밤에 같이 놀았던 브루스 팀에서는 아예 사람이 통과해본다. 그러자 너도나도 통과하기 시작~, 수증기가 많이 뜨겁지 않아서 가능했다. 이번엔 좀 더 큰 곳으로 자리를 옮겼는데 유황 냄새가 코를 찌른다. 마치 달걀 썩은 냄새 같다. 용암처럼 부글부글 끓고 있는데 무언가 넣으면 썩을 것 같은 분위기다.

　간헐천을 본 다음 온천Aguas Termales으로 이동해서 아침을 먹었다. 미겔이 식사를 준비하는 동안 우리더러 온천에 들어가서 피로를 풀란다. 주위엔 제대로 된 샤워실이나 탈의실도 없었다. 참, 여긴 볼리비아지! 외국인들은 남녀노소 모두 남의 시선에 신경 쓰지 않고 잘도 들어간다. 나는 시선도 시선이지만 옷 갈아입기도 귀찮고, 더군다나 나중에 씻을 곳도 없다는 사실에 그냥 발만 담그기로 했다. 물은 그다지 뜨겁지 않았다. 그래도 따뜻한 물이 귀한 볼리비아에서 미지근한 물에라도 발을 담그고 있으니 며칠간의 피로가 풀린다.

> 떠오르는 태양의 기운을
> 받으며 온천욕을~

아침은 시리얼과 빵인데, 우유에 타 먹는 코코아 가루를 빵에 발라서 먹으니 맛이 좋다. 그렇게 아침을 해결하고 마지막 장소인 베르데 호수 Laguna Verde로 이동했다. 역시나 이름에서 호수의 특징을 찾을 수 있는데 '베르데Verde'는 '초록빛'이라는 뜻이다. 베르데 호수는 마그네슘, 칼슘, 납, 비소 등 여러 가지 중금속으로 인해 오묘한 색깔을 낸다. 이곳이 볼리비아 투어의 마지막 장소인 만큼 단체 사진을 찍는 사람들이 많다. 우리도 열심히 단체 사진을 찍었다. 3일 동안 수고해준 미겔과도 함께.

볼리비아 국경에 도착하니 오전 10시다. 출국심사를 하는데 '출국비'를 내란다. 한국인은 15볼(2,500원)이라는데, 전혀 몰랐던 사실이었다. 우리 일행이 갖고 있던 볼을 탈탈 털어보니 10볼(1,600원)이 모자랐다. 난감

우유니 투어의 마지막 코스, 베르데 호수

했다. 그때 볼리비아로 들어가는 한국인 커플이 우리에게 10볼을 주었다. 그들 덕분에 무사히 볼리비아 국경을 넘을 수 있었다. 여행을 하다 보면 크고 작은 일들이 생기게 마련이고, 작은 친절에 큰 감동을 받는 경우도 생긴다. 그날 10볼의 가치는 돈으로는 환산할 수 없는 감동 그 이상이었다.

    볼리비아를 벗어나 칠레로 가려면 버스를 타고 40분간 달려야 한다. 티켓에는 분명히 출발시간이 10시 15분이라고 쓰여 있었지만 버스가 우리 앞에 선 시간은 10시 30분, 15분 정도 늦는 건 남미에서는 거의 애교 수준이다.

★ Smart Travel 우유니, 야무지게 여행하기

 우유니 2박 3일 투어 때 꼭 확인해야 할 내용은 무엇일까?

① 비용보다는 내용을 확인할 것

우유니에서 비용이 저렴한 투어 회사를 찾으면 덥석 예약부터 하지 말고 내용이 어떤지를 꼼꼼히 따져봐야 한다. 가격이 낮으면 식사의 질이 달라질 수도 있기 때문이다. 2박 3일 동안 문명이 덜 발달된 곳에서 생활하기 때문에 잘 씻지도 못하는 건 기본. 여기에 음식까지 부실하면 스트레스를 받기 쉽다. 꼭 식사 내용을 확인하도록 하자. 대부분 아침은 시리얼 또는 빵과 차, 점심과 저녁은 스파게티와 스테이크(야마고기)가 번갈아가면서 나온다.

② 함께 다닐 사람이 누군지 확인할 것

2박 3일 동안 같이 다니게 될 사람들이 누군지 확인하자. 일행 수가 많아서 한차로 다닐 수 있다면 모를까 외국인들과 같이 다녀야 하는 상황이라면 어느 나라 사람들인지, 연령대는 어떤지 체크해서 나의 2박 3일이 고통의 시간이 되지 않도록 해야 한다. 특히 갓 제대 후 여행 중인 이스라엘 친구들은 세 명 이상 모이면 시끄럽고 못 말리기 때문에 조심할 것! 어떤 숙소에서는 '이스라엘인 출입금지'라고 써 붙여놓은 것도 봤다. 남녀 불문하고 군대에 가는 이스라엘 친구들은 통상 제대 후 배낭여행을 다닌다고 한다. 군대를 벗어난 기쁨이 큰 나머지 조금 과하게 행동하는데, 종종 다른 여행자들의 미간을 찌푸리게 하는 원인이 되기도 한다.

③ 가이드와 차량 상태를 확인할 것

보통 운전사가 가이드 겸 운전을 해주는데, 영어 가이드를 원할 경우 비용이 조금 더 올라간다. 대부분의 가이드들은 에스파냐어를 쓰기 때문에 에스파냐어를 못하는 여행자들은 조금 불편할 수도 있다. 하지만 미리 겁먹을 필요는 없다. 에스파냐어를 못하는 나도 에스파냐어 가이드랑 같이 다녔는데, 아무 문제없이 투어를 마쳤다. 가이드북에 나오는 에스파냐어 몇 마디만 알아도 의사소통은 가능, 대충 단어만 말해도 알아듣는다. 특히 2박 3일 동안 타고 다니는 차는 우리의 발이 되어주는 중요한 교통수단이며, 먼 거리를 이동해야 하는 우리에게 짬짬이 낮잠을 제공해줄 휴식처이기도 하다. 때문에 차량 상태가 어떤지 필히 확인해야 한다.

여유시간 활용 Tip

물도, 전기도 쓸 수 없는 이곳에서 시간을 때우는 일은 한정되어 있다. 서양 사람들이 보통 많이 하는 것은 카드게임. 이럴 때 우리나라 놀이인 '공기'나 '제기' 등을 보여주면 매우 흥미로워한다. 내 친구 지영이 공기와 제기를 갖고 와서 미국 친구들한테 인기를 끌었다. 게임이 끝난 후 선물로 주면 외국인들에게는 큰 기념이 될 것이다. 2박 3일은 외국인에게 한국 문화를 알릴 수 있는 절호의 기회다. 누구나 외국에 나가면 민간 외교관이라는 사실을 명심하길!

'치즈'의 경험에서 나온 정보

우유니 소금사막 2박 3일 투어

- 비용: 600~700볼(10만 원 내외)
- 소요시간: 2박 3일(칠레로 넘어갈 경우, 마지막 날 일정은 점심때쯤 모두 끝나므로 저녁때 칠레 아타카마에서 '달의 계곡' 투어 가능)
- 내용

우유니 소금사막 한가운데

첫째날

1일(당일) 투어랑 일정은 같고, 숙박을 우유니가 아닌 산후안 마을에서 1박
※ 우리는 산후안 마을에 잘 곳이 없어서 우유니 마을에서 숙박 해결. 다음날 새벽 우유니를 출발해 둘쨋날 일정을 소화했다.

둘째날

05:40	우유니 마을에서 출발(우리는 특별한 경우, 대개는 산후안에서 출발)
08:30	산후안 마을에 도착해서 아침식사
09:40	독수리 모양 바위
11:30	에디온다 호수 도착, 플라밍고 구경
12:00	점심식사
15:00	나무 모양 바위
15:30	콜로라다 호수
16:00	국립공원 관리소

에디온다 호수에서 만난 플라밍고

점심식사

17:30 콜로라다 산장 도착 후 휴식
19:30 저녁식사
21:00 소등

셋쨋날

04:40 기상
05:00 출발
06:10 간헐천
07:00 노천 온천
07:30 아침식사
09:00 베르데 호수
09:30 우유니 국경 도착

칠레로 가는 길

사막과 숲,
빙하를 모두 품은 곳
칠레 Chile

4장

God made 9 계곡 | 아타카마

적막함 속의 웅장한 아름다움

칠레 땅 밟기가 이렇게 힘들다니   볼리비아 우유니를 출발한 여정은 소금사막과 에디온다, 콜로라다, 베르데 호수를 거쳐 국경에 도착했다. 2박 3일 동안 가이드와 함께 먹고 자며 이동한 짧지 않은 일정이었다. 투어 3일째, 우리는 아침나절에 볼리비아에서의 일정을 모두 끝내고 칠레로 넘어가는 국경에 도착했다. 그런데 이곳에서 출국비(15볼) 사건이 터졌다. 국경에서 표를 사야 한다기에 투어 시작 전에 가이드에게서 미리 구입했는데, 사전에 아무 얘기도 없었던 출국비가 불거져 나온 것이다. 남은 볼리비아 돈은 우유니 마을에서 거의 다 써버렸고, 우리는 볼리비아와 칠레 사이에서 오도 가도 못하는 처지가 되었다. 알고 보니 가이드한테 추가로 지불한 돈은 볼리비아 국경에서 칠레 국경을 오가는 버스 요금이었다. 버스표를 볼리비아에서 사면 50볼로 7달러가 조금 넘는 금액인데, 버스 안에서 사면 10달러를 받는다고 한다. 때마침 만난 한국인 커플의 도움으로 어렵게 출국을 마치고 우리는 칠레 국경으로 가는 버스에 올랐다.

칠레와 볼리비아의 물가와 시간 차

볼리비아에서 칠레로 넘어가는 구간은 워낙 짐 검사가 까다롭기로 소문이 난 동네였다. 입국 심사를 기다리는 데만 2시간이 소요되었다. 입국을 기다리는 사람은 많은데 심사 창구는 2개만 열려 있었다. 진행도 엄청 느려 터졌다. 하지만 누구 하나 불평하는 사람은 없었다. 이게 남미의 마인드인가, 두 달이 지났는데도 아직 적응이 안 된다. 나는 그나마 일행이 있어서 2시간을 보냈지, 아마 혼자였으면 그 긴 시간을 어떻게 보냈을지, 까마득하다. 입국 심사를 겨우 마치고 짐 검사 차례. X선 투과기에 가방을 집어넣고 짐이 나오기를 기다리는데 내 가방을 열어보란다. '어? 뭐지? 내 가방에 뭐가 있나?' 가방 안에는 볼리비아 투어 때 받은 오렌지가 들어 있었다. 나중에 먹으려고 남겨뒀다가 잊어버린 것이다. 오렌지는 쓰레기통으로 직행~.

짐 검사가 끝난 후 버스를 타고 10분 정도 더 가니 '산페드로 아타카마San Pedro de Atacama'에 도착했다며 내리라고 한다. 마을이 너무 작아서 실감이 안 났다. 아타카마에서는 '달의 계곡Valle de la Luna' 투어를 해야 하는데, 1시간쯤 뒤에 출발하는 투어가 있었다. 그전에 숙소를 잡아 짐들을 풀어놓아야 한다. 가까운 호스텔들은 거의 다 찼고, 여기저기 돌아다니다 40분 만에 가까스로 호스텔을 예약했다. 1박에 1만 페소, 우리 돈으로 23,000원이다. 볼리비아에서는 6,000원에 정말 좋은 시설에서 잤는데, 갑자기 물가가 확 올라버리니 정신이 없다. 게다가 서머타임 적용으로 시간도 1시간 차이가 난다. 23시간을 사는 느낌이라고 해야 할까. 고도도 달라

졌다. 볼리비아에서는 고도가 높아 온몸을 꽁꽁 싸매고 다녔는데, 아타카마는 그보다 낮은 2,440미터라서 반팔을 입고 다녀도 된다. 물가, 시간, 고도, 이 세 가지에 적응하기도 전에 숙소 잡는 데 시간과 에너지를 다 써버렸다. 곧 투어 출발인데, 그전에 칠레 돈(페소)으로 환전도 해야 하고 밥도 먹어야 한다. 숨 돌릴 새도 없이 시간을 보내다 정신을 차리니 투어 버스 안이었다. 하루에 투어를 2개나 하려니 지친다.

달의 계곡 투어

'달의 계곡'에 가기 전에 먼저 '죽음의 계곡 Valle de la Muerte'을 들렀다. 이곳은 세상에서 제일 건조한 곳으로, 비가 안 내린 지 꽤 오래되었다고 한다. 물이 없으니 생명체도 없다. 끝없이 펼쳐진 죽음의 계곡을 멍하니 바라보면서 '풀 한 포기 없는 삭막함 속에서도 사막 나름의 매력이 있

생명체를 찾아보기 힘든 죽음의 계곡

네'라는 생각을 했다. 항상 부대끼며 살아가는 사람들은 자신들의 세상과 완전히 다른 이 사막에서 무엇을 느낄까. 아마 생명이 없는 것보다는 있는 게 더 아름답다는 것을 느끼고 돌아가지 않을까. 근데 생명체가 전혀 없진 않았다. 한쪽에서 고운 모래를 이용해 샌드보딩Sandboarding을 하는 사람들이 있었으니까.

죽음의 계곡 투어가 끝나면 본격적으로 달의 계곡 투어에 들어간다. 달의 계곡 표면에는 하얀 소금이 많이 보인다. 과거 호수 밑바닥이었던 이곳에 주변 산에서 빗물을 타고 흙과 함께 나트륨과 염소가 흘러들었다고 한다. 시간이 지나면서 물은 증발하고 소금만 남은 것이다. 보름달이 뜨면 이 소금들이 달빛에 반사되어 장관을 이룬다고 한다. 왠지 '달의 계곡'이라는 이름에 어울리는 현상이다. 하지만 지금은 야간 출입이 통제되어서 더 이상 그 모습을 볼 수 없다고 한다.

달의 계곡 국립공원에 들어갔을 때 제일 먼저 가보는 포인트에서 가만히 귀 기울이면 고열 때문에 바위가 팽창하면서 갈라지는 소리도 들을 수 있다. 계곡과 동굴을 40여 분 동안 걸어 다니면서 달의 계곡의 표면을 자세히 볼 수 있었다. 정말 달의 표면이 이곳과 닮았을까? 상상이 안 된다. 이곳은 분명 사막인데도 흔히 알고 있는 일반적인 사막의 모습과는 전혀 다르다. 나 역시 이곳이 사막이라는 사실조차 잊고 걸어 다녔으니까. 나중에야 알게 된 사실이지만 이곳은 서태지가 '모아이' 뮤직비디오를 촬영한 곳이라고 한다.

첫 번째 지점의 하이라이트는 '소금동굴Cuevas de Sal'인데 랜턴이 없으면 앞을 보기도 힘들다. 계곡과 동굴을 다 보면 다시 차를 타고 조금 이동

소금동굴 벽면에 보이는 소금들

하여 '안피테아트로Anfiteatro'를 보여준다. 에스파냐어로 '원형극장'이라는 뜻을 가진 이곳은 너무 거대해서 한 샷에 들어오지 않는다. 그래서 조금 더 높은 곳에서 보려고 반대 방향 언덕으로 올라갔는데, 바람이 너무 거세 제대로 서 있기도 힘들었다.

또 하나 기억에 남는 것은 기도하는 성모 마리아를 닮았다는 3개의 돌, '세 마리아상Tres Marias'이다. 달의 계곡에서 꼭 봐야 하는 돌이 아닐까 싶다. 바람이 지나가면서 기도하는 모습의 동상 3개를 만들어놓았고, 그곳

사람들은 이 퇴적물에 '세 마리아'라는 이름을 붙여서 관광객에게 소개하고 있다(3개라는데 2개만 보였다. 알고 보니 하나는 관광객에 의해 무너졌다고 한다). 순 억지 같았는데, 그 앞에서 퇴적물과 똑같이 손을 모으고 사진을 찍는 사람들이 많은 걸 보면 영 억지스럽진 않나 보다. 기도할 시간조차 없

원형극장이라는 의미의
안피테아트로,
이름답고 거대하다

이 바쁘게 살아가는 현대인에게 잠시나마 손을 모을 수 있는 여유를 주는 곳, 그것만으로도 이곳의 의미는 충분하지 않을까.

  마지막 하이라이트, 일몰이 남았다. 이 일몰을 보기 위해 오후 4시에 달의 계곡 투어가 시작된다. 달의 계곡에서 보는 일몰이 그렇게 멋질 수가 없다고 소문이 자자한데, 정말 그럴까? 가이드북의 사진과 비스무리한 사진도 찍고 주변 경치도 감상하며 일몰을 기다렸다.

    마침내 일몰의 시간, 여러 생각이 지나간다. 지금 한국에 떠 있는 태양도 여기와 같은 태양일 텐데, 지구 반대편에 있는 그들과 내가 똑같은 태양을 보고 있다고 생각하니 왠지 기분이 묘하다. 엉뚱한 생각은 드는데 '여기 일몰이 너무 멋지다!'라는 생각은 딱히 안 든다. 여행을 하다 보면 처음의 감동이 퇴색하면서 나중엔 웬만큼 좋지 않고선 별 감흥이 없을 때가 있는데 그게 오늘인 듯하다. 아니면 내가 너무 기대한 탓도 있을 것이

기도하는 성모 마리아, 왼쪽 마리아는 어떤 관광객이 무너뜨렸다

다. 사진으로 봤을 때는 정말 혹했으니까. 멋진 사진으로만 접하다가 실물을 봤을 때의 실망감, 사실 일몰이나 야경은 직접 눈으로 보는 것보다 사진으로 보는 게 훨씬 멋있을 때가 많다. 그래도 여기 온 것을 후회하지는 않는다. 내가 언제 또 사막의 일몰을 볼 수 있겠어~.

해가 떨어지니 급격히 추워진다(달의 계곡 투어 시 긴팔 옷을 반드시 챙겨가길 바란다). 일몰은 해가 넘어가고 난 뒤 빨갛게 남아 있을 때까지 봐주어야 제맛인데 투어의 특성상 시간 배분을 마음대로 할 수 없다는 게 아쉽다. 투어 일행이 같은 맘이면 모를까, 그런데 오늘 나와 함께 다닌 외국인

달의 계곡에서 다같이
일몰을 기다리며

들은 한국인보다 더 '빨리 빨리'를 실천하는 듯했다. 뭐가 그렇게 급한지 해가 넘어가자마자 차에 올라타고 눈치를 주는 바람에 빨갛게 황혼이 드리우는 장면은 차 안에서 봐야 했다.

아타카마 마을로 돌아오니 저녁 9시다. 2박 3일 동안 볼리비아 투어를 하느라 몹시 지친 상태에서 야간 투어까지 했으니 피로가 배로 쌓인 기분이다. 며칠간의 강행군에 온몸이 쑤신다. 그나마 오늘은 따뜻한 물로 씻을 수 있다. 따뜻한 물이 콸콸 쏟아지는 세면대가 어찌나 반갑던지. 볼리비아에서는 숙소를 잡을 때마다 "따뜻한 물 나오냐?"는 질문을 빼놓을 수 없었는데 앞으로는 이 질문이 무색해질 듯하다.

달의 계곡의 야간 입장 제한이 풀리면 다시 한 번 와보고 싶다. 보름달에 반사되는 소금들이 어떤 풍경을 자아낼지……. 어쩌면 상상으로 남기는 것이 더 좋을지도 모르겠다. 사람들은 항상 눈으로 확인하고 싶어 하지만, 사실 사람 눈처럼 간사한 것도 없기 때문이다. 지금 내 마음 속에 있는 '보름달에 비친 달의 계곡'은 형용할 수 없을 만큼 아름답다. 그 모습만 기억하는 것도 나쁠 건 없잖아?

보름달이 뜬 달의 계곡, 팸플릿만 보고도 가슴이 두근두근

★ **Smart Travel** 아타카마, 야무지게 여행하기

Q '죽음의 계곡', '달의 계곡'의 이름은 어디서 유래했을까?

① 죽음의 계곡

죽음의 계곡의 이름은 원래 '화성의 계곡 Valle de le Marte'이라고 한다. 붉은색 암석이 울퉁불퉁 튀어나온 모습이 마치 화성 같다고 해서 붙여진 이름인데, '마르테 Marte (화성)'가 와전되어 '무에르테 Muerte (죽음)'로 불리다가 그 이름이 굳어져버렸다고 한다. 정말 생물이 하나도 살지 않는 곳이니 괜히 와전된 건 아닌 듯하다.

② 달의 계곡

달의 표면을 닮았다고 해서 붙여진 이름이다. 아폴로 우주선을 타고 달에 다녀온 최초의 인간, 닐 암스트롱이 이곳을 방문하여 달의 모습과 비슷하다 하였고, 나사 NASA에서도 달에 관한 프로젝트를 할 때 이곳에 와서 실험을 했다고 한다. 또 달의 계곡에는 규석의 일종이 많이 박혀 있는데 보름달이 뜨면 이것들이 달빛에 반사되어 밝게 빛난다고 한다.

달의 계곡 투어 Tip

투어 회사마다 가격은 엇비슷하니 영어 가이드가 있는지 확인하자. 일몰 때

일몰 때 또 다른 분위기로 변하는 달의 계곡

문에 오후 4시에 출발하므로 볼리비아에서 2박 3일 투어로 넘어온 사람들이라면 부지런 떨어서 우리처럼 하루 만에 보는 게 좋을 것 같다. 간헐천 투어도 있다고 하는데, 볼리비아에서 투어를 했다면 이미 봤을 테고 산페드로 아타카마 마을이 그다지 크지 않아서 휴식이 필요한 사람이 아니라면 심심할 수 있다.

투어할 때 꼭 챙겨가야 할 물품

- 운동화: 달의 계곡 투어를 하려면 운동화를 신고 가길 바란다. 사막이라 모래가 들어가는 것은 각오해야 하는데 모래가 운동화에 들어가는 게 싫으면 슬리퍼를 신고 가도 되기는 한다. 나는 멋모르고 슬리퍼를 신고 갔다가 불편해서 벗었는데, 해가 저물기 전까지는 발바닥이 뜨거워서 고생 좀 했다.
- 랜턴: 소금동굴에선 어둡고 좁은 구간을 지나가기 때문에 랜턴이 필요하다.
- 긴팔 겉옷: 해가 떨어지면 기온이 급격히 떨어지므로 긴팔 옷은 꼭 챙겨가길 바란다.

'치즈'의 경험에서 나온 투어 정보

달의 계곡 투어

- 비용: 6,000페소(14,000원)
- 소요시간: 5시간
- 내용

   16:00 달의 계곡 투어 출발

   16:30 죽음의 계곡

   17:30 국립공원 관리사무소(입장료 별도, 국제학생증 지참 시 할인 가능)

   18:00 사구와 모래 절벽으로 이루어진 길

   18:30 소금동굴

   19:00 안피테아트로(원형극장)

   19:30 세 마리아상

   20:00 일몰 관람

   20:30 버스 탑승

   21:00 아타카마 마을 도착

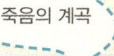

죽음의 계곡

God made 10 화산 | 푸콘

정상에서 마그마를 느끼고, 눈으로 슬라이딩

설원 트레킹과 눈썰매가 가능한 비야리카 화산   여행 일정을 짜다가 남미 여행을 다녀온 사람들의 블로그에서 끌리는 사진을 발견! 바로 하얀 설원에서 눈썰매를 타는 모습이었다. 스릴과 재미 만점인 '액티비티'에 환장하는 나는 '여긴 꼭 가야겠어!'라고 외치며 일정에 집어넣었다. 조사를 더 해보면서 이곳이 활화산이라는 것도 알게 되었고, 4~5시간 정도 걸어 올라가 정상을 찍고 내려오면서 썰매를 타는 코스라는 정보도 입수했다. 이런 멋진 곳이 남미에 있다니! 남미는 정말 벗겨보면 벗겨볼수록 양파 같은 매력이 있는 땅이다. 출발하기도 전에 이미 나는 남미와 사랑에 빠졌다.

푸콘 도착

칠레의 수도 산티아고Santiago에서 출발하는 야간버스를 10시간 넘게 탔는데도 아직 도착 전이다. 조금 더 가니 푸콘Pucón의 상징인 비야리카Villarica 화산이 보인다. 칠레는 지금 여름, 그래서인지 비야리카 화산 끝에 남아 있는 눈이 조금밖에 없다. '아, 눈썰매 타려고 푸콘까지 왔는데 못 타는 것 아냐?' 하는 불안감이 엄습해온다.

　숙소를 잡고 허기를 달랜 후 본격적으로 투어 회사를 찾아다니기 시작했다. 이 회사, 저 회사 둘러보다가 괜찮은 회사 발견. 흥정을 안 해도 알아서 "A랑 B를 같이하면 얼마 할인해줄게"라고 하는 걸 보니 여행자의 마음을 잘 아는 곳이다. 투어 가격은 화산 투어만 하면 장비 다 빌려주고 가이드 동행해서 우리 돈으로 약 9만 원. 여행이 끝난 지금 생각해보면 괜찮은 가격이었지만, 여행 당시에는 손 떨리는 가격이었다.

　일단 나는 눈이 얼마나 쌓였는지 궁금해서 물어봤다. "지금 정상에 가면 눈썰매 얼마나 탈 수 있어요? 투어 갔던 사진 좀 보여줄 수 있어요?" 내 질문에 아저씨, 쿨하게 노트북을 꺼내들고 정상에서 찍은 사진과 썰매 타면서 찍은 사진들을 보여준다. 그래도 의심이 가시지 않아 "이거 언제 찍은 거예요?"라고 물어보니 지난주에 찍었단다. 그렇다면 믿고 가야지~, 푸콘까지 와서 그냥 갈 수는 없잖아?

마그마 품은 비야리카

　비야리카는 마그마를 품은 세계에서 몇 안 되는 활화산이다. 그렇기 때문에 날이면 날마다 트레킹이 가능한 곳이 아니다. 일단 날씨가 좋아야 하고, 화산 상태도 좋아야 한다. 오늘은 날씨도, 화산도 둘 다 오케이! 출발시간은 6시 30분, 상쾌한 새벽 공기가 코끝에 닿으니 잠이 멀찍이 달아난다. 차로 올라갈 수 있는 데까지는 차로 가고, 그다음은 걷거나 리프트

> 병아리 떼처럼 한줄로
> 올라오는 사람들

를 타고 올라간다. 리프트 요금은 약 15,000원, 투어 회사 사장님이 앞으로 4시간 넘게 걸을 텐데 여기서는 그냥 리프트를 타고 올라가는 게 낫다고

하신다. 옳은 말씀이다. 리프트를 탄 채 아래를 보니 흙먼지를 일으키며 힘겹게 걸어 올라가는 사람들이 보였다. 리프트를 선택한 건 참 잘한 일이었다.

나중에 알고 보니 리프트는 겨울에 눈이 많이 내렸을 때 보드를 타러 오는 사람들을 위해 설치한 것이었다. 그런데 1971년, 화산 폭발로 눈사태가 일어난 뒤로 보드장을 복구하지 않았다고 한다. 그래서 놀고 있는 리프트가 군데군데 많았다. 리프트를 타고 10여 분쯤 올랐을까. 이제 본격적으로 트레킹을 시작한단다. 투어 회사에서 제공해주는 옷을 입고 드디어 출발~.

나와 함께 리프트를 타고 올라온 사람은 산티아고에 살면서 1년에 두 번 이곳에 온단다. 여름에는 등산하고 겨울에는 스노보드 타러……. 해마다 찾을 정도로 이곳이 그렇게 매력적이란 말이지? 한층 더 기대가 된다. 다른 곳에서 이미 트레킹을 해보고 온 터라 처음은 무난했다. 그리고 눈은 적어도 2시간은 밟고 가야 할 정도로 충분히 많았다. 어제 산 아래에서 '눈이 조금밖에 안 보이는데 눈썰매를 탈 수 있을까'라고 걱정했었는데, 다 쓸데없는 걱정이었다.

눈이 보이자 가이드가 단호하게 말한다. "여기서부턴 눈길이니까 미끄러지지 않도록 조심해서 걸어라. 또 선글라스 착용은 필수다. 선글라스가 없는 사람들은 여기서 쉬던가 아니면 맨눈으로 가야 하는데, 선글라스 없이 가면 밤에 눈이 매우 아플 것이고 심한 경우에는 병원에 가야 한다. 선글라스 없이 갔다가 그런 일을 당해도 나는 책임 안 진다."

온통 하얀 눈밭인 데다 고지대에서 몇 시간을 걸어야 하기 때문에 선글라스는 필수 아이템이었다. 그런데 이스라엘 여행자 아홉 명 중 두 명이 선글라스가 없단다. 여자애가 울상을 지으며 어떻게 안 되겠냐고 묻자 가이드는 "어제 분명 여행사에서 선글라스를 갖고 오라고 말했을 텐데, 나도 어쩔 수 없다"라고 딱 잘라 말한다. 그때 다른 가이드가 고글을 하나 꺼내주자 여자애 입이 귀에 걸렸다. 다른 남자애는 그냥 갈 생각인 듯했다. 함께 온 일행 중 한 명이 선글라스 하나를 번갈아 써도 되냐고 묻는다. 가이드는 30분씩 번갈아 쓰면 괜찮을 거라고 한다. 문제 해결! 이제 진짜 출발이다.

40분쯤 걸어가자 휴식시간을 준다. 나는 지영이 싸준 빵을 먹었다(지영은 지금 숙소에서 쉬는 중). 가게에서 파는 샌드위치보다 훨씬 맛있었다. 지영아 고마워! 바나나도 맛있고~, 그런데 초콜릿이 안 보인다. 분명 가방 안에 넣은 것 같은데, 사람 마음이 간사해서 없으니까 더 먹고 싶다.

다시 눈길을 걷는다. 올라가면서 보니 눈구덩이 같은 곳에서 사람 머리만 내려가는 게 보인다. '설마 실족한 건가' 놀라서 자세히 쳐다보니 눈썰매를 타고 내려가는 사람들이었다. 우와~ 저렇게 봅슬레이마냥 길이 있다니! 기대가 한층 더 높아진다. 눈밭 위를 2시간쯤 걸어 맨 윗부분에 도착했다. 눈은 없고 화산석만 보인다. 이곳을 고비로 정상에 발을 디뎠다.

천연 미끄럼틀 타고
신나게 하산

　장장 4시간에 걸친 트레킹이었다.

　정상에 오르니 화산임이 실감난다. 분화구에서는 가스도 뿜어져 나온다. 유황 냄새가 난다는 글을 읽은 적이 있는데, 이건 냄새가 아니라 유독 가스다. 숨쉬기가 힘들 정도였다. 기관지가 좋지 않은 나는 천식이 도지는 느낌까지 들었다. 게다가 먼지도 많았다. 정상에 도착하기 전에 가이드가 계속 "정상에서는 10분만 있을 거다. 가스가 몸에 매우 해롭다"라고 말한 이유를 알겠다. 방독면을 쓰고 있는 가이드까지 있었으니, 말 다했다.

　운이 좋은 날에는 구덩이 안에서 끓고 있는 마그마도 볼 수 있다는데 오늘은 그런 운까지는 없었다. 분화구 반대편에 서니 숨쉬기가 한결 편안하다. 그곳에서 아래를 보니 마치 내가 구름 위에 서 있는 것 같다. 웬만한 산들은 다 언덕처럼 보인다. 한 폭의 멋진 산수화를 보는 기분이다. 비야리카 화산, 너 왜 이렇게 매력적이니?

정상에서 사진을 찍고 하산 시작. 드디어 내가 고대하던 순간이 왔다. 눈썰매! 2시간 동안 열심히 걸어 올라온 눈밭을 눈썰매로 쌩~ 내려가는 거다! 생각만 해도 익사이팅하다! 솔직히 눈썰매 타려고 여기까지 왔다. 여름이라 눈길이 짧을 줄 알았는데 꽤 길다. 신난다! 가방에서 눈썰매를 꺼내 바지에 매달고 눈이 있는 곳까지 걸어 내려갔다. 여기서부터 시작이다. 느낌은 완전 대~~~박! 생각보다 훨씬 더 재밌었다. 웬만한 롤러코스터 저리 가라다. 속도를 조절하면서 내려가는데, 봅슬레이랑 흡사하다고

느꼈다. 나는 이날의 감동을 오래 간직하고 싶은 욕심에 눈썰매를 타고 내려가면서 동영상을 촬영했다. 가이드가 깜짝 놀라며 말린다. "사진 찍다가 걸리면 나랑 같이 걸어 내려가야 한다. 속도 조절 안 되는 사람도 마찬가지다!" 가이드의 엄중 경고에 나는 조용히 카메라를 집어넣었다.

두 번째 탈 때는 더 짜릿했다. 눈길도 더 길고! 나는 슬며시 카메라를 꺼내고 싶었지만 놀이공원 안전요원처럼 중간 중간에 서 있는 가이드들의 매서운 눈초리를 피할 자신이 없었다. '그냥 처음 찍은 걸로 만족하자!' 내려가면서 보니까 어떤 가이드들은 스키나 보드를 착용하지도 않은 채 눈밭 위에서 자유롭게 움직인다. '이곳에 얼마나 많이 왔으면 저 정도일까?

구름을 발 아래 두고 내려다보는 세상

정말 대단하다' 싶었다. 타고 또 타고~, 아무리 타도 지겹지가 않다. 경사가 있는 부분에서 속도를 내면 통통 튀기까지 한다. 오예~ 이스라엘 여행자 가운데 한 명은 속도를 내지 못해 중간에 가이드가 일으켜 세우기도 했다. 눈썰매를 타고 내려가다가 앞에 사람이 보이면 속도를 줄일 생각을 해야 하는데 이스라엘 애들은 그냥 가서 박는다. 자기들끼리도 박고 깔깔대고 웃는다. 아, 난 이런 모습이 너무도 싫었다. 서너 번 탔나 싶었는데 열 번쯤 탄 것 같다. 처음엔 횟수를 세다가 나중에는 헷갈려서 포기할 정도였으니 진짜 많이 탔다. '앞에 아무도 없었으면 더 신나게 탔을 텐데' 하는 아쉬움이 남았다. 마지막으로 눈썰매를 타고 내려오니 아까 리프트가 있던 곳이다. 대박~ 진짜 대박이다! 4시간 동안 걸어 올라간 곳을 1시간 반 만에 내려왔다. 그곳에서부터 차 있는 곳까지는 무조건 걷기, 하산 때는 리프트 선택권이 없다.

트레킹은 끝났지만 아직 투어는 진행 중이다. 마을로 이동해 투어 회사에서 준비한 맥주 한 잔으로 목을 축이고 장비를 반납하는 시간이 남았다. 푸콘에 대해선 잘 몰라 솔직히 큰 기대를 안 했다. 하지만 오늘 화산 투어만으로도 충분히 즐거운 시간을 보냈기에 잘 왔다는 생각이 든다. 지영과 함께하지 못한 것이 못내 아쉬웠다.

저녁때는 밤하늘을 한가득 수놓은 별을 보며 온천욕을 했다. 따뜻한 물에 몸을 담그니 트레킹의 피로가 씻은 듯이 사라진다. 돌아오는 차 안, 하늘에 먹구름이 끼기 시작한다. 하루만 늦었어도 트레킹도, 눈썰매도 물 건너갔을 텐데, 난 참 날씨 운이 좋다. 내 입에서 저절로 '감사합니다'라는 말이 나왔다. 푸콘에서 생각지도 못한 보석을 발견한 느낌이다.

★ Smart Travel 비야리카화산, 야무지게 여행하기

Q 화산 투어, 계절에 상관없이 할 수 있을까, 또 체력이 좋지 않은데 올라갈 수 있을까?

겨울에는 눈이 많이 내려 올라가기 힘들다. 당연히 여름에 비해 체력 소모가 크다. 그러다 보니 찾는 사람도 적어 투어 여행사를 찾기 힘들다고 한다. 어쩌다 찾았더라도 부지런 떨지 않으면 정상을 못 찍고 온다고 한다. 그래서 여름을 추천한다. 11~3월, 우리나라의 겨울이 칠레의 여름이다. 이때가 눈도 적당히 있고, 트레킹하기도 수월하다.

체력이 좋지 않은 사람의 기준은 정하기 나름이지만 정말 숨쉬기 운동만 하고 간 사람들도 정상까지 오를 수 있다. 혼자가 아니라 여럿이 다니는 투어이기 때문에 가능하다. 가이드가 앞에서 끌어주고 뒤에서 밀어주고, 서로 으쌰으쌰~ 하다 보면 웬만한 사람들은 다 올라간다. 4시간이 정말 죽을 것처럼 힘들겠지만 정상에서 바라보는 풍경 하나로 모든 것을 보상받을 수 있다. 해냈다는 자신감과 기쁨은 보너스~ 하산할 때는 눈썰매를 타고 내려가는 재미를 만끽할 수 있으므로 액티비티한 여행을 좋아하는 사람에게 강력 추천한다.

비야리카 화산 트레킹 Tip

눈밭을 걸어 올라갈 때 자외선을 조심하자. 눈이 남아 있는 곳이라면 분명 계절에 상관없이 태양이 강하게 내리쬐는 높은 고도일 것이다. 따라서 자외선 차단제는 필수다. 앉아서 쉴 때마다 선크림을 얼굴과 목 등 노출된 부분에 수시로 발라 줘야 한다(실제로 휴식시간에 가이드가 끊임없이 선크림을 바르라고 이야기한다. 물론 가이드도 열심히 바르고 있다).

또 선글라스도 꼭 챙겨야 한다. 앞에서 설명했듯이 선글라스는 개인 준비물이다. 햇빛이 하얀 눈에 반사되어 눈이 손상될 수 있어 선글라스가 없으면 가이드들이 투어를 허락지 않는다. 물은 1리터 정도 가져가는 게 좋다. 무겁긴 하겠지만 그만큼 든든하다. 4시간 동안 산을 올라야 하는데 목이 타고도 남는다. 다들 힘들어 하는데 염치없이 옆 친구에게 "나 물 좀 줘~" 하는 민폐는 끼치지 말자.

눈썰매를 타고 내려올 때는 이왕이면 남자 뒤에 있는 게 좋다. 웬만한 남자들은 속력을 줄이는 법 없이 한 번에 죽 내려가서 더 재미있게 탈 수 있다. 하지만 내가 속도를 줄이는 사람 쪽에 속한다면, 맨 뒤로 가자.

'치즈'의 경험에서 나온 투어 정보

비야리카 화산 트레킹(해발고도 2,847미터)

- 비용: 38,000페소(89,000원)
- 소요시간: 9시간
- 내용

    06:30 출발지 집결

    07:10 모든 준비 완료, 화산으로 출발

    07:40 비야리카 화산 출발 지점 도착(리프트 탈 사람과 걸어 올라갈 사람으로 나뉨)

비야리카 화산 트레킹

08:30   트레킹 시작

12:30   비야리카 화산 정상 도착

13:00   비야리카 화산 하산 시작

14:20   눈썰매 하산 종료 & 걸어서 하산 시작

15:00   승합차 탑승 & 30분 뒤 모두 모이면 출발

16:00   푸콘 마을 도착(간단한 맥주파티 및 장비 반납)

핫 스프링(Hot Spring) 투어 / 온천 투어

- 비용: 12,000페소(28,000원)
- 소요시간: 5시간
- 내용

  20:00   온천 가는 버스 탑승

  21:00   온천 도착

  24:00   온천 출발

  25:00   푸콘 마을 도착

자전거 대여비(푸콘은 작은 마을이어서 자전거로 둘러보기 좋다)

- 1시간: 3,000페소(7,000원)
- 반나절(5시간): 5,000페소(12,000원)
- 하루: 7,000페소(17,000원)

God made 11 산 | 토레스 델 파이네

트레킹 종합선물세트

'토레스 델 파이네'가 뭐지? 남미 여행 전에 가장 많이 들었던 말 중 하나가 "토레스 델 파이네 Torres del Paine가 제일 좋았어~. 남미에서 토레스 델 파이네를 빼놓을 수는 없지~"였다. 도대체 '토레스 델 파이네'가 어떤 곳이기에 다들 감탄하는 걸까. 사실 나도 직접 가보기 전까지는 궁금하기도 하고, 갈까 말까 망설여지기도 했던 곳이 바로 토레스 델 파이네였다.

토레스 델 파이네는 칠레 남쪽 '푸에르토 나탈레스Puerto Natales'에 위치한 국립공원이다. 이곳은 트레킹을 하러 전 세계에서 찾아오는 곳이다. 어쩌면 수많은 트레커들이 죽기 전에 꼭 가보고 싶은 곳으로 꼽을지도 모르겠다. 그만큼 다양한 트레킹 코스를 자랑하는데, 전부 다 돌아보려면 열흘 이상이 걸린다고 한다. 남미 여행에서 절대 빼놓을 수 없는 트레킹! 제대로 된 트레킹을 하려면 봉우리 하나를 보려고 2~3시간을 걸어갔다가 다시 2~3시간을 되돌아와서 다음날 또 7~8시간을 걸어도 끄떡없는 체력과 날씨 운이 반드시 필요하다. 토레스 델 파이네로 향하는 내게도 꼭 필요한 것들이다.

불이 났다고? 하마터면 못 볼 뻔했네~
2011년 12월 27일, 이스라엘 청년이 불씨를 잘못 다루어 토레스 델 파이네의 한 구간이 불에 타는 일이 있었다. 일주일 동안 계속된 이 산불로 2만 3,000헥타르의 삼림이 재로 변했고, '재난 지역'으로 선포되기까지 했다. 칠레 삼림법에 따르면 방화범에 대한 벌금은 최고 약 300달러이기 때문에 불을 낸 이스라엘 청년은 방화 혐의가 입증되더라도 40~60일의 구류와 300달러의 벌금이라는 비교적

신이 나에게 주신 종합선물세트

"봉우리 하나 보려고 거기까지 가?"라고 할지 모르겠지만, 봉우리 하나 보러 거기까지 갈 만하기 때문에 사람들은 간다. 각 지역의 트레킹마다 특색이 있는데 토레스 델 파이네는 여러 가지 특색이 묶여 있기 때문에 '트레킹의 종합선물세트'로 불린다. 예를 들면 푸콘의 화산 트레킹은 '화산'을 보러가는 것이고 페루의 69호수 트레킹은 '호수'를 보러가는 것이지만, 토레스 델 파이네는 빙하, 봉우리, 구름, 호수 등 온갖 자연경치를 다 보러가는 트레킹이다. 가히 종합선물세트라 부를 만하다. 물론 이곳을 다 찬양하지만은 않는다. "한 곳에서 모든 것을 볼 수는 있지만 B급들을 모아놓은 것 같다"라고 말하는 사람들도 있다. 사람마다 보고 느끼는 게 다를 수 있으니 충분히 이해되는 말이다. 그러나 자연을 A급, B급으로 나누는 사람들은 과연 자연 앞에서 몇 급을 받을 수 있을지, 궁금하다.

자, 한번 걸어볼까? 2박 3일 동안 토레스 델 파이네가 내게 어떤 말을 건넬지 기대된다. 렛츠 고~.

가벼운 처벌을 받는다고 한다. 돈이 문제가 아니라 불에 탄 삼림이 원래의 모습을 되찾으려면 얼마나 오랜 세월이 필요할까. 수십, 수백 년? 설령 이 청년이 법적 처벌로 자신의 죄값을 치렀더라도 이곳에 남아 얼마 정도는 봉사활동을 해야 하지 않나 싶다. 아예 못 보고 갈 뻔한 토레스 델 파이네였는데 다행히도 내가 갔을 때(2012년 2월)는 재개장을 했다. 특히 그레이 빙하 쪽으로 가는 길이 피해가 심했는데 아직도 타는 냄새가 난다고 한다.

토레스 델 파이네의 상징 '삼형제봉'

첫쨋날, 2012년 2월 18일

    푸에르토 나탈레스에서 토레스 델 파이네 국립공원까지 가는 버스를 타기 위해 졸린 눈을 비비며 겨우 이불 속에서 빠져나왔다. 바깥 공기는 우리나라 겨울같이 차가웠다. 나는 버스 안에서 부족한 아침잠을 채웠다. 버스로 2시간 정도 달려 토레스 델 파이네 국립공원에 도착했다. 내국인은 4,000페소(10,000원)인 반면 외국인은 제일 비싼 1만 5,000페소(35,000원)를 지불해야 입장할 수 있다. 억울해도 외국인이니 어쩔 수 없다. 입구에서

라스 토레스 산장Hostería Las Torres까지는 버스로 이동하기로 했다. 요금은 2,500페소(6,000원) 정도다. 걸어갈 수도 있었지만 앞으로 3일 동안 지겹게 걸을 텐데 싫어서 기꺼이 버스에 올랐다.

산장에 도착했다. 예약을 안 해서 걱정했는데 다행히도 자리가 있었다. 산장도 엄청 비쌌다. 2만 1,000페소, 우리 돈으로 약 5만 원이다. 이래서 배낭 여행자들이 텐트 장비를 챙겨 다니나 보다. 나는 텐트 장비까지 짊어지고 트레킹할 자신이 없으니 비싸도 산장 침대를 선택할 수밖에. 여기 와보니 돈만 있으면 편하게 트레킹할 수 있을 것 같다. 돈만 내면 식사는 물론이고 점심 도시락까지 싸준다.

나는 가난한 배낭 여행자답게 짐을 풀고 빵과 소시지, 케첩, 사과를 알뜰히 챙겨서 길을 나섰다. 우리의 목적지인 '3개의 탑(삼형제봉)'이 보이고 구름이 걷히는 듯해서 시작부터 기분이 좋다. 이 동네는 해가 늦게 지기 때문에 낮 12시쯤 트레킹을 시작해도 걱정 없었다. 다른 사람들은 4시간 걸린다는데 난 얼마나 걸리려나. 트레킹을 시작한 지 얼마 지나지 않아 왜 이 지역이 '트레킹의 종합선물세트'로 불리는지 단번엔 알아차렸다. 페루 와라스에서 했던 산타크루즈 트레킹과는 차원이 다른 풍경들이 눈앞에 펼쳐졌다. 그냥 탄성만 나왔다. 아, 진짜 너무 좋다! 너무 예쁘다! 자연만큼 인간을 힐링해주는 치료제가 또 있을까 싶다.

절반 정도 걸어왔다. 칠레노 산장Albergue Chileno에서 3개의 탑을 보니 하늘이 맑게 개였다. 들뜬 마음으로 점심을 먹고 부랴부랴 출발했다. 걷다 보니 계곡도 나오고, 만년설도 보이고, 모든 것이 만족스럽다. 다만 트레킹 막판에 만났던 가파른 길이 좀 힘들었다. 하지만 지금 생각해보면 그 정

도는 다른 트레킹들에 비해 약과였다. 아무튼 그 가파른 돌무덤 같은 길을 통과하는 순간 '여기까지 오느라 수고했어~' 하면서 내 눈앞에 선물이 떡하니 나타났다. 우리가 그토록 보고 싶던 3개의 탑이었다. '꺄~ 사진으로 보던 것보다 더 멋있어! 최고다, 진짜!' 친구와 나는 감탄을 금치 못했다. 너무 좋다, 진짜 예쁘다, 너무 멋지다~ 이런 감탄사밖에 달리 생각나는 말이 없었다.

구름도 우리가 오는 줄 알았는지 어디론가 사라져버렸다. 그 덕에 파란 하늘 아래 선명하게 자리 잡은 3개의 탑을 볼 수 있었다. 그 아래 호수는 또 어떻고. 빙하가 녹아서 옥빛으로 빛나는 호수는 '저게 진짜 호수 맞나' 싶을 정도였다. 마치 1990년대 롤러스케이트장에 있던 고무판 같았다. 가까이 가보니 정말 맑고 투명했다.

4시간 걸린다는 코스를 3시간 반 만에 올라가서 3개의 탑을 눈에 담았다. 결코 시간과 고생이 아깝지 않은 경험이었다. 우리나라 청년들은 체력이 넘칠 때 유럽이 아니라 남미에 와서 이런 값진 경험을 해봐야 한다고 생각한다. 마음은 있어도 여건이 안 돼 못 오는 친구들도 많은데, 나는 정말 행복한 사람이다. 아직 이런 곳이 있다는 걸 모르는 사람도 많을 테니 내가 사진이라도 멋지게 찍어서 그 사람들에게 보여줘야겠다는 사명감이 마구 솟구쳤다. 주위를 둘러보니 돌 위에 누워 여유롭게 일광욕을 즐기는 유럽인들이 많이 보였다. 내리쬐는 태양 아래 온몸을 드러내고 쉬는 그들의 여유가 부러웠다.

우리가 있는 동안 다행히 바람도 잠잠했다. 태양과 구름에 이어 바람까지 우리를 배려해주는 것 같았다. 사진 좀 찍고 쉬다 보니 어느새 2시간

> UFO 모양처럼 돌돌 말린 예쁜 구름들

이 훌쩍 지났다. 아쉽지만 내려갈 시간이다. 올라오기 전에는 숙박이며 날씨에 대한 걱정이 있었는데 다 해결됐고, 지금은 자연 속에 있으니 물아일체가 따로 없다. 안녕, 토레스! 고마워, 예쁜 모습 보여줘서~.

내려가는 발걸음은 가벼울 줄 알았는데 조금 힘들긴 했다. 꽤 멀리까지 왔었나 보다. 비록 몸은 고단했지만 마음은 감동으로 가득 찼다.

산장으로 돌아가는 길, 토레스 델 파이네 국립공원이 다시 한 번 자태를 뽐낸다. 이번엔 구름이다. 파타고니아 Patagonia 지역은 상승 기류가 많아서 UFO 모양의 구름이 자주 나타난다. 지금 그 구름이 바로 우리 눈앞에

나타난 것이다. 아, 이 동네는 뭐 하나 빠지는 게 없네! 배경음악으로 신비로운 새소리까지 더해진다. 눈과 귀, 제대로 오감을 자극한다.

오늘 저녁은 전투식량! 한국에서 가져온 군대용 전투식량이 아주 유용하다(인터넷에서 구입). 조리하기도 간편하고 맛도 괜찮아 우리처럼 트레킹하는 사람들에게 인기가 좋다. 식사 후엔 일찍 잠자리에 들었다. 눈을 감으니 낮에 보았던 토레스 삼봉이 어른거린다.

둘쨋날, 2012년 2월 19일

오늘의 목적지는 이탈리아노 캠프Campamento Itailano다. 어제 토레스 삼봉 정상에서 만난 한국인의 말에 따르면 이 코스는 딱히 어려운 점은 없지만 조금 지루할 수 있다고 한다. 또 하나의 변수가 어제는 최소한의 짐만 들고 이동했지만 오늘은 짐을 다 들고 이동해야 한다는 것이었다. 오늘

이곳이 정녕 호수인가?

도 숙소 예약은 안 된 상태라 약간 고민스럽긴 했지만 그럴수록 빨리 가봐야지!

아침은 준비해온 빵과 수프로 배를 채웠다. 배낭을 메고 걷는 일은 정말 장난이 아니었다. 특히 추위를 대비해 가져온 핫팩의 무게가 엄청났다. 예상대로 길은 쉬웠지만 배낭이 무거워 속도를 내지 못했다. 이 정도 무게도 힘든데 캠핑 장비를 메고 트레킹하는 사람들은 얼마나 힘들까 싶었다. 보통 트레킹 도중 반대편 방향에서 오는 사람과 마주칠 때면 "올라Hola(안녕하세요)" 하고 인사하는데, 어쩐지 그들은 "올라!"라고 하면서도 표정은 전혀 '올라'가 아니었다. 오늘 내가 배낭을 메고 걸어보니 그들의 심정이 이해된다.

오늘 코스에서 선택할 수 있는 숙소는 두 군데다. 한곳은 쿠에르노스 산장Albergue Los Cuernos인데, 어제 머물렀던 곳과 같은 업체가 운영하는 산

파도까지 쳐서 영락없는
바다 같지만 호수다

장이다. 조금 더 가면(말이 조금이지 1시간은 더 걸은 것 같다) 이탈리아노 캠프가 나오는데, 무료로 텐트를 치고 하룻밤 쉬어갈 수 있는 곳이다. 그런데 우리 같은 여행자를 위해 미리 텐트를 쳐놓고 빌려주기도 한단다. 물론 텐트 사용료는 받는다. 우리는 이탈리아노 캠프로 방향을 잡았다. 비용도 절감할 수 있었고, 내일 움직이는 데 이탈리아노 캠프가 더 나았기 때문이다.

역시 어제 만난 한국인의 말마따나 쿠에르노스 산장까지 가는 길은 지루했다. 특별히 시선을 끌 만한 것도 없고 같은 풍경이 계속 이어졌다. 그런데 쿠에르노스 산장을 지나니 오늘의 볼거리가 시작되었다. 바다처럼 넓은 호수가 내 눈과 귀를 즐겁게 해주자 자동으로 콧노래가 흘러나왔다.

인간의 시야에서 보면 이곳은 호수가 아니라 바다다. 티티카카 호수에 이어 또 한 번 바다 같은 호수를 만났다. 바람이 불어 파도도 치고, 수평선도 보이고, 커다란 배도 떠 있는 모습을 보면 바다라고 해도 믿겠다. 가끔 저 멀리 산 위의 빙하가 녹아내리면서 눈보라가 일기도 한다. 문득 '저 눈보라가 한밤중에 텐트를 덮치지는 않겠지?' 하는 생각이 든다. 트레킹을 하면서 곧잘 엉뚱한 생각에 빠진다. 쿠에르노스부터 이탈리아노 캠프까지 가는 길이 제일 예쁘기도 했지만 제일 힘들기도 했다. 목적지가 눈에 안 보이니까 더 힘들게 느껴졌다. 지도를 보면 30분만 걸으면 나타날 것 같았는데 가도 가도 그림자도 안 비친다. '설마 그냥 지나쳐온 거 아냐? 혹 길을 잘못 들었나?' 별의별 생각이 다 든다. 반대편에서 오는 사람들에게 물어보니 이 길이 맞다고 한다. 좀 더 가니 정말 이탈리아노 캠프가 나온다.

어제 만난 한국인이 준 팁에 따르면 이탈리아노 캠프에 도착하면 분명 관리인이 나와서 "텐트 필요하지 않냐?"라고 물을 것이다. 그럼 그때 약간의 비용을 지불하고 업체에서 미리 쳐놓은 텐트에서 자면 된다고 했다. 그런데 관리인이 너무 '멍~'했다. 게다가 에스파냐어만 써서 의사소통이 안 됐다. 다행히 에스파냐어와 영어를 둘 다 할 줄 아는 외국인이 우리의 상황을 관리인에게 통역해주었다. 우리는 침낭밖에 없고 텐트를 빌리길 원한다고. 그런데 1인용 텐트밖에 없다는 대답이 돌아왔다. 우리는 괜찮다고 그 텐트라도 빌려달라고 졸랐다.

관리인의 안내로 도착한 텐트, 그런데 내부에 텐트용 얇은 매트릭스가 아닌 침대용 매트릭스가 깔려 있다. 와우~ 이런 첩첩산중까지 이걸 어떻게 들고 왔는지 마냥 신기했고, 복권에 당첨된 기분이었다. 1인용 텐트라 둘이서 자기에는 비좁았지만 배낭을 매트릭스 옆에 깔고 자리를 더 만들었다. 무료 캠핑장이라 화장실도 재래식일 줄 알았는데 의외로 수세식이다. 다만 아쉬운 건 유료 산장에서는 뜨거운 물을 얻을 수 있는데 여기선 뜨거운 물조차 사치라는 것. 그런데 나의 전투식량은 뜨거운 물을 부어야 먹을 수 있다. 나는 얼굴에 철판을 깔고 부엌으로 가서 물을 끓여줄 만한 사람을 찾았다. 친절한 외국인이 내 찬물과 자신의 뜨거운 물을 바꿔준다. 이런저런 이야기를 나누는 중에 며칠째 여기 있냐고 물으니까 11일이란다. 처음엔 잘못 들었나 싶었는데 11일이 맞다. 아마도 토레스 델 파이네 국립공원 전체를 다 도는 중인가 보다. 아~ 그 여유와 끈기, 진짜 부럽다!

전투식량으로 배를 든든히 채운 우리는 춥다고 소문난 이곳에서 아주 따뜻하게 자보겠노라며 갖고 온 핫팩을 온몸에 도배했다. 저녁 8시, 지영과 단둘이 텐트에 누웠다. 핫팩의 열기로 등바닥이 뜨뜻했다. 심지어 새벽에는 더워서 잠이 깨는 사태까지 생겼다. 두터운 매트릭스가 땅의 찬 기운을 차단해준 덕분에 정말 따뜻한 밤을 보냈다.

새벽 3시, 볼일을 보러 텐트에서 빠져나왔다. 헤드랜턴 없이는 아무것도 보이지 않는 어둠 속에서 방향치인 나는 잠시 헤매다가 화장실을 찾을 수 있었다. 텐트로 돌아오다가 문득 '이곳 밤하늘엔 별이 얼마나 많을까' 궁금했다. 고개를 들었지만 무성한 나무 때문에 하늘이 제대로 보이지 않았다. 별을 보려면 개울가까지 가야 했다. 갈등이 생겼다.

"추운데 그냥 들어가서 자~. 너 거기 갔다 오면 잠이 달아나서 밤 꼴딱 새야 할 걸?" VS "네가 언제 또 여기 와서 별을 보겠니? 기회는 지금 한 번뿐이야. 그 기회를 잡아!"

나는 갈팡질팡하다가 "그래! 한 번뿐인 기회를 잡자!" 하고는 중무장하고 개울가로 내려갔다. 주변은 온통 칠흑 같은 어둠뿐이었다. 랜턴 불빛

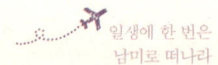

에 의지해 조심스레 발을 내딛었다. 앞이 전혀 안 보이니까 좀 무서웠다. 잠시 뒤 총총하게 빛나는 별들이 보였다. 금방이라도 쏟아질 것 같은 별들을 본 순간 나는 넋을 잃고 말았다. '갓 메이드'의 힘은 정말 위대하다. 쳐다보고 있으면 저절로 홀리고 할 말을 잃게 만드는 그 힘은 어느 '맨 메이드'도 흉내 낼 수 없을 것이다. 하염없이 하늘을 올려다보고 있노라니 별똥별을 보는 일은 일도 아니었다. 황홀감에 빠져 있는 것도 잠시, 엄청나게 부는 바람과 우렁찬 물소리가 감상을 방해했다. 이런 곳에서 실수로 발을 헛디뎌 물에 빠지기라도 하면 정말 소리 소문 없이 사라질 수 있겠구나 싶어 캠핑장으로 돌아왔다.

빽빽이 들어선 나무들이 바람을 막아주어 캠핑장은 고요했다. '아, 이 나무들이 막아내는 바람의 양이 정말 엄청나겠구나!' 아까는 나무 때문에 별을 볼 수 없다고 원망했는데, 지금 이 순간은 나무들이 고마웠다. 내 평생 가장 많은 별들을 보았다. 텐트로 돌아와 눈을 감았는데도 별들이 보이는 것만 같았다. 어제는 3개의 탑이 눈에 아른거리더니 오늘은 별이 쏟아지네……. 점점 더 토레스 델 파이네의 마법 속으로 빠져들고 있다. 다만, 잠은 다 잤다. 뜬눈으로 누워 있다가 겨우 눈을 붙였는데, 텐트 주변이 웅성거리기 시작한다. 30분이나 잤을까, 알람소리가 요란하게 아침을 알린다.

셋쨋날, 2012년 2월 20일

새벽에 잠을 설칠 때는 '차라리 아침이 빨리 왔으면 좋겠다'라고 생각했는데, 막상 아침이 되니 침낭에서 나오기가 싫다. 오늘은 W트레킹 코스 중 중간쯤 되는 전망대까지 갔다가 내려와서 오후 배를 타고 떠나는 일정이다. 얼마 전 화재로 그레이 빙하를 보러가는 길이 심하게 탔다고 해서 그 부분은 그냥 건너뛰기로 했다. 어차피 엘 칼라파테에서 빙하를 볼 계획도 있고.

그런데 어제 감탄했던 화장실에 문제가 생겼다. 추위로 물이 얼었나 보다. 오 마이 갓! 볼리비아에서도 이런 경험이 있었기에 그다지 놀랍지는 않다. 다른 사람들도 대수롭지 않은 눈치다.

아침을 대충 빵으로 해결한 다음 트레킹 일정을 시작했다. 짐은 그냥 두고 몸만 빠져나와 두 번째 전망대(브리타니코 전망대)를 향해 올라갔다. 2시간 30분 정도 걸린다고 했으나 2시간 만에 도착. 그저께 본 3개의 탑이

브리타니코 전망대에서 보니 사방이 트여 눈이 즐겁다

평면적인 풍경을 감상하는 거라면 이곳은 사방이 확 트여 앞, 뒤, 옆까지 360도로 눈이 즐겁다. 산과 호수 등이 멀리 보여서 웅장한 느낌은 덜했지만 시야가 넓으니 볼거리도 많았다. 바람만 아니었으면 더 즐기다 내려가고 싶었는데 사방에서 몰아치는 바람이 엄청났다. 게다가 땀이 식으면서 추워지기 시작했고, 결국 30분 만에 하산을 결정했다.

산을 내려오는데 우리와 반대로 올라가는 사람들도 꽤 많았다. 우리가 일정을 빨리 시작한 모양이다. 캠핑장에 도착하니 어제 만났던 '멍한' 관리인과 직책이 좀 높아 보이는 사람이 이야기를 나누고 있었다. 우리가 어제 찾던 관리인인가 보다. 그 관리인이 우리를 보더니 에스파냐어를 할 줄 아냐고 물었다. 못한다고 하니 영어로 몇 마디 하고는 그냥 가버렸다. 그러자 이번에는 '멍한' 관리인이 오더니 에스파냐어로 뭐라 뭐라고 하는데 알아들을 수가 없었다. 아마 텐트 사용료 때문에 그러는 것 같은데 우리도 정확한 내용을 몰라 답답했다. 차라리 얼마 달라고 직접적으로 말하면 돈을 줬을 텐데 계속 빙빙 돌려서 말하니 어쩌라는 건지……. 우리도 덩달아 멍~ 때리고 있으니까 아까 봤던 관리인이 멀리서 뭐라고 소리친다. 모르긴 해도 "야~ 됐어! 그냥 보내!"라는 말 같다. 그제야 '멍한' 관리인도 돌아서 가버린다.

이제 우리도 이곳을 떠날 시간이다. 관리인들과 인사하고 다시 배낭을 짊어졌다. 배낭의 무게는 거의 첫날과 마찬가지였다. 사용한 핫팩을 버리고 가면 가벼워질 거라 생각했는데, 오산이었다. 차가 들어오지 못하는 산속 한가운데에 위치한 이탈리아노 캠프는 자기 쓰레기는 자기가 갖고 나가는 게 규칙이었다. 아, 이놈의 핫팩이 끝까지 내 발목을 잡는다!

하산하는 길은 뭔가 테마를 나눠놓은 것 같았다. 숲 느낌이 나게 풀이 무성한 길도 있었고, 앙상한 가지들이 겨울 느낌을 자아내는 길도 있었다. 그렇게 2시간 정도 걸었을까, 불에 그을린 나무들이 나타나기 시작했다. '아, 정말 많이 탔구나. 원래는 이곳도 얼마나 아름다웠을까?' 마음이 심란했다. 불을 낸 이스라엘 사람이 깊이 반성하면 좋겠다는 생각이 들었고, 이 정도로 훼손했는데 보석금으로 풀려나는 건 너무 가벼운 처벌이 아닌가 하는 생각도 들었다. 황폐한 풍경들이 계속 이어지자 점점 지치고 지루해졌다.

가도 가도 끝이 없어서 '이 길이 맞나? 산장을 지나친 것 아닌가? 이러다 그레이 빙하까지 가는 거 아냐?' 등 별별 생각이 다 들었다. 그때 멀리서 파이네 그란데 산장 Refugio Paine Grande 이 보이기 시작했다. 목적지가 눈에 보이면 가는 길이 그나마 쉽다. 산장이 보이기 시작한 뒤로는 발걸음이 빨라졌다. 산장 주변을 살펴보니 불에 그을린 나무들이 무척 많았다. 상태도 훨씬 안 좋았다. '반대쪽에서 시작하길 잘했다~' 하는 생각이 들었다. 만약 여기서 출발했다면 의욕이 많이 떨어졌을 것 같다.

산장 안으로 들어가 추위를 녹이며 3일 동안 걷느라 고생한 발을 주물러주었다. 그동안의 일들이 하나둘씩 머릿속에 떠올랐다. 트레킹 첫날 본 3개의 탑이 가장 기억에 남았다. 힘들게 걸어가서 본 거라 감동 또한 더 컸다. 테이블에 엎드려 잠깐 눈을 붙인 후 저녁 6시 30분 배를 타고 나왔다. 배 요금은 1만 2,000페소(28,000원), 겨우 30분 타고 가는데 완전 바가지 요금이다. 그래도 3일 걸어온 길을 다시 되돌아갈 수는 없으니 비싸도 배를 탈 수밖에 없다.

파이네 그란데 산장
가는 길

　배에서 내려 버스로 갈아타고 국립공원 입구에 도착했다. 저녁 8시 30분에 국립공원을 나와서 내 짐이 있는 푸에르토 나탈레스 마을까지 오니 9시 30분이 좀 넘는다. 같은 타지라도 한 번 숙박했던 곳이라 그런지 마치 집에 온 느낌이다. 이틀 만에 제대로 씻고 인터넷으로 세상과 소통하니 문명사회로 돌아온 게 실감난다. 비록 화재로 인해 W 트레킹 코스를 다 돌진 못했지만 나름 만족스럽다. 내 시야와 마음은 또 한 뼘, 아니 3일 있었으니 세 뼘이나 커졌다.

★ Smart Travel 토레스 델 파이네, 야무지게 여행하기

Q 왜 W트레킹인가?

토레스 델 파이네 국립공원 지도를 보면 트레킹 길이 보이는데, 그중 사람들이 가장 많이 다니는 길이 W 모양이어서 'W트레킹'이라고 한다. 난 처음에 W트레킹만 있는 줄 알았는데 그 외에도 다양한 코스들이 있었다. 서양 사람들은 W트레킹 말고 다른 길로도 많이 다니는 듯했다. W트레킹은 보통 3박 4일이 걸린다. 날씨가 변덕스러운 곳이므로 꼭 맑은 날을 다 보고 싶다면 시간적 여유를 두고 가는 게 좋다.

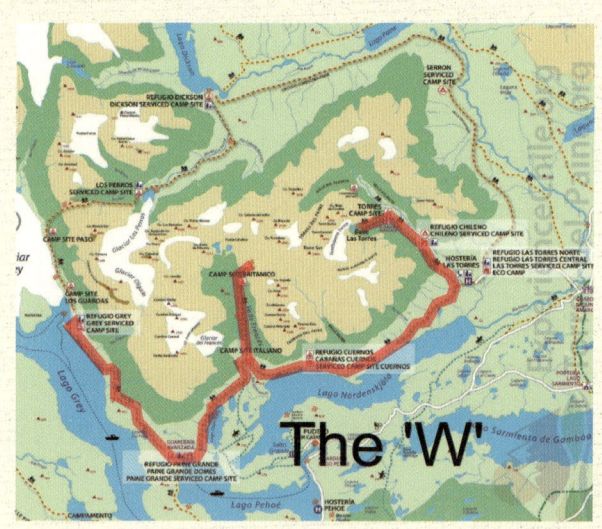

토레스 델 파이네 트레킹 Tip

① 추위

옆 지도상에 표시된 지역을 '파타고니아(아르헨티나 와 칠레 남부 지역, 콜로라도 강 이남을 가리킨다)' 지역 이라고 부른다. 우리나라에서는 '파타고니아'를 아 웃도어 브랜드 이름으로 많이들 알고 있는데, 이 지 역에서 비롯된 말이다. 연중 가장 여행(트레킹)하기 좋은 달은 2월이다(사실 이때도 남미의 다른 지역보다 는 춥다). 4월 이후에는 겨울이 찾아와서 여행하기 힘들다고 한다(파타고니아 지역 사람들은 여름 한철만 장사하기 때문에 남미에서 이곳의 물가는 꽤 비싼 축에 든다).

날씨가 추운 곳이므로 따뜻한 옷차림은 필수다. 나는 추위를 못 참기 때문에 핫팩을 많이 가져갔는데 다음에 또 갈 일이 있다면 차라리 보온성 좋은 따뜻한 옷을 가져가겠다. 핫팩 덕분에 따뜻하게는 잤으나 무게 때문에 고생이 심했다(핫 팩이 든 배낭을 메고 걷는 건 너무나 힘들었다).

② 음식

3일 이상 산속에 있어야 하는데 끼니를 어떻게 해결하면 좋을까? 해먹는 게 문 제가 아니라 그 도구를 다 짊어지고 다니는 게 문제일 터. 그래서 나는 아침에는 수프랑 빵을 먹고, 점심에는 케첩 뿌린 소시지를 빵 사이에 끼워 먹고, 중간에 간 식으로 초콜릿 과자와 바나나를 먹어 당분을 보충했다. 그리고 가장 중요한 저녁 식사, 나는 전투식량을 챙겨갔다(한국에서 인터넷으로 주문해 구입). 물론 여행 일정

중간에 끼어 있는 이곳까지 계속 갖고 다니는 게 부담스러울 순 있으나 그만한 가치를 한다. 전투식량 하나면 만사 OK! 뜨거운 물은 보통 산장에서 공급해준다. 컵라면을 사가도 좋지만, 하루 종일 걷고 난 뒤 컵라면으로 저녁을 때우기엔 좀 아쉬움이 남는다. 전투식량을 준비해가면 따뜻하고 든든한 저녁식사 OK~!

'치즈'의 경험에서 나온 투어 정보

토레스 델 파이네 트레킹

- 비용: 왕복 버스비(12,000페소) + 산장까지 버스비(2,500페소) + 라스 토레스 숙박비(21,000페소) + 페리요금/이엘로 파타고니아(12,000페소) = 47,500페소 내외(우리 돈 112,000원)
- 소요시간: 2박 3일(2012년 2월 18일~20일)
- 내용

  <u>첫째날</u>

  07:00 기상 및 아침식사
  08:00 토레스 델 파이네 국립공원행 버스 탑승
  10:00 국립공원 도착 후 입장료 지불
  10:30 라스 토레스 산장행 버스 탑승
  11:00 라스 토레스 산장 도착 후 방 배정
  12:00 3개의 탑(삼형제봉) 트레킹 시작
  15:30 3개의 탑 도착
  17:30 하산 시작

토레스 델 파이네 국립공원

20:00   라스 토레스 산장 도착
21:30   저녁식사 후 취침

둘쨋날

09:00   기상 및 아침식사
10:30   둘쨋날 코스 시작
17:00   이탈리아노 캠프 도착
19:00   저녁식사 후 취침

셋쨋날

06:30   기상 및 아침식사
08:00   전망대 트레킹 시작
09:00   프란세스 Frances 전망대 도착
10:30   브리타니코 Britanico 전망대 도착
11:00   하산 시작
13:00   이탈리아노 캠프 도착
13:00   하산 시작
16:00   파이네 그란데 산장 도착 후 휴식
18:30   페리 타고 이동 (원래 오후 6시 배였으나 늦게 도착)
20:00   국립공원 퇴장
21:30   푸에르토 나탈레스 도착

프란세스 전망대

브리타니코 전망대

유럽의 정취가 느껴지는
아르헨티나 Argentina

5장

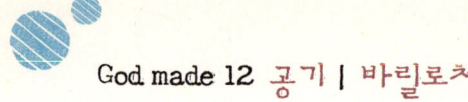

God made 12 공기 | 바릴로체

남미인지, 스위스인지 분간이 안 돼

바릴로체의 공기엔 뭔가 특별한 것이 있다 남미의 매력은 인간의 손때가 묻지 않은 대자연이다. 그런데도 장기간 여행하면서 너무 많이, 너무 자주 보다 보니 이젠 웬만한 자연 경관은 시시해지는 지경(?)까지 이르렀다. 그런 와중에 도착한 아르헨티나의 바릴로체Bariloche, 버스에서 내리자마자 다가오는 공기부터가 달랐다. '아~ 공기 참 좋다!' 그때는 버스를 오래 탄 뒤라 그런 게 아니었나 싶었는데 다음날까지도 그 느낌이 이어졌다. 바릴로체의 공기에는 뭔가 특별한 것이 있었다. 그러고 보니 바빌로체까지 오면서 지나친 산들도 여태 본 산들과 분위기가 사뭇 달랐다. 더 웅장하다고나 할까? 스위스 알프스 산맥 같은 느낌을 주는 안데스 산맥이 바릴로체 입구에서부터 나타났다. 바릴로체를 남미의 스위스로 밀고 있다는데, 어디 한번 들여다볼까?

전망대에서 내려다보는 바릴로체

첫날부터 날씨가 너무 좋다. 바릴로체의 자연을 즐기는 방법 중 하나는 높은 곳에 올라가서 한눈에 내려다보기! 바릴로체에서 유명한 호스텔 중 '1004 펜트하우스 호스텔'이 있다. 건물 10층에 위치한 까닭에 이곳에서 내려다보는 전망이 일품이라고. 호스텔에서 보는 풍경이 이렇게 멋져도 되나 싶을 정도다. 우유니 투어를 같이한 동생 구환이 먼저 이곳에 와서 "나는 지금 펜트하우스에 있어!"라고 메시지를 보냈기에 "웃기고 있네~!"라고 답장했는데, 직접 와보니 정말 이곳은 '펜트하우스'라는 이름이 아깝지 않다.

날씨가 맑아서인지 호스텔에서 내려다보는 경치는 정말 최고였다. 이국적인 집들과 아름다운 호수 등 바릴로체 전경이 한눈에 들어왔다. 오늘 일정은 캄파나리오 언덕Cerro Campanario에 오르는 것, 그곳에 가면 바릴로체의 자연을 좀 더 가깝게 느낄 수 있다고 한다. 산이라 하기도, 언덕이라 하기도 어중간한 캄파나리오는 호수와 산을 한꺼번에 감상할 수 있는 최적의 장소다.

웬만한 전망대 부럽지 않은 1004 호스텔 뷰

푸르디푸른 하늘과
맑고 투명한 호수

　전망대까지는 리프트로 올라가는 방법과 걸어서 올라가는 방법, 두 가지가 있다. 리프트를 타고 올라가면 편하게 앉아서 아래로 보이는 경치를 볼 수 있을 것이다. 하지만 우리는 배낭 여행자, 튼튼한 두 다리로 열심히 걸어 올라갔다. 40분 정도 걸린다고 했지만 부지런히 걸어 25분 만에 도착. 좀 가파르긴 했지만 충분히 걸어 올라갈 만했다(많이 힘들었는지 도중에 포기하고 내려가는 외국인 커플을 보고 겁을 먹었는데, 그 정도 난이도는 아니었다). 빠른 걸음으로 20분, 보통 걸음으로도 30분 안에 도착한다.

　전망대에 도착하자마자 아래를 내려다봤다. 푸르디푸른 하늘과 높이가 고만고만한 산줄기, 그리고 파란 호수가 조화를 이룬 경치가 눈에 들어왔다. 여태 봤던 풍경과는 또 다른 모습이었다. 날씨가 좋으니 모든 것이 더 선명하고 멀리까지 잘 보였다. 그냥 가만히 보고만 있어도 마음이 편안

해졌다. 마치 힐링 캠프에 와 있는 것 같았다. 다만, 여기저기서 사정없이 불어오는 바람 앞에서는 속수무책으로 당할 수밖에 없었다. 그래도 아주 즐거운 한때를 보낸 것만은 분명하다. 그날 찍은 사진을 보면 머리카락이 제대로 정리된 사진은 한 장도 없지만 표정은 웃느라 정신없다.

자전거로 다시 한 번 느끼는 힐링

우리는 보는 것만으로는 성에 안 차 바릴로체 풍경 속으로 직접 들어가 보기로 했다. 너무 넓어서 걸어서 돌아보려면 꼬박 하루가 걸릴 것 같고, 자동차는 빌리기도 어려울뿐더러 자연과 동화되기도 어렵다. 자전거가 가장 적합했다. 자연친화적일 뿐만 아니라 직접 페달을 밟아 이곳저곳을 보는 만큼 보람도 더 클 테니, 바릴로체를 느끼는 데는 자전거가 딱 좋았다.

캄파나리오 언덕과 가까운 거리에 자전거 대여점이 있었다. 첫 번째 가게는 대여료도 비쌌고 몹시 불친절했다. 두 번째 가게는 대여료도 적당하고 설명도 상세히 해주었다. 게다가 아주 친절했다. 마지막 코스가 오르막길인 데다가 차가 많아 위험하다며, 거기 가기 전에 어떤 슈퍼마켓 앞에 자전거를 묶어두면 자기네가 알아서 가져간단다. 무료 드랍오프Drop off 서비스! 이 부분이 제일 맘에 들어서 두 번째 가게에서 자전거를 빌렸다.

자전거를 타고 경치 좋은 길을 신나게 달렸다. 아스팔트길이라 쌩쌩 잘 나간다. 오가는 차도 많지 않아 위험하지도 않았다. 달리다가 마음에 드

는 곳이 보이면 자전거를 세우고 사진을 찍었다. 오르막길은 쉬어가며 천천히 오르고, 내리막길은 바람을 느끼며 쏜살같이 내려왔다. 그렇게 시간이 흘렀다. 멋진 기암절벽들이 눈을 즐겁게 해주었고, 간혹 암벽에 매달린 개미만 한 사람들을 보면서 정말 인간은 자연 앞에서 겸손해야 한다는 걸 다시 한 번 느꼈다. 자전거를 타고 달리다 보니 아까 캄파나리오 언덕에

캄파나리오 언덕에서
보이는 바릴로체

서 봤던 호수들이 코앞에 있다. 푸르다 못해 옥빛으로 빛나는 호수물은 바닥이 훤히 들여다보일 정도로 맑았다. 호수를 보기만 했는데도 눈이 다 시원해진다. 이렇게 멋질 줄 알았다면 폴라로이드 카메라도 가져올걸, 아쉽다~. 3시간이면 완주할 거라고 들었는데 우리는 2시간 반 만에 완주했다. 짧은 시간이었지만 우리는 바릴로체의 매력에 완전히 빠져버렸다.

특별한 빙하, 검은 빙하

바릴로체에는 검은색 빙하가 있다. '검은 빙하 Glaciar Negro', 빙하면 거대한 얼음덩어리를 말하는 건데 검은색이 가능할까? 뭔가 신비스럽고 새롭고 멋있는 풍경이 펼쳐질 것 같다. 검은 빙하까지는 바릴로체 센트로에서 2시간 동안 차를 타고 가야 한다. 개인적으로는 찾아가기 힘들 것 같아서 투어 회사를 이용하기로 했다.

데이 투어는 아침 8시 반부터 시작됐다. 어제 탔던 자전거 후유증으로 피로가 축적되어 검은 빙하로 가는 차 안에서 숙면을 취했다. 11시쯤, 검은 빙하 입구에 도착했다. 차에서 내려 조금 걸어가니 가이드가 검은 빙하를 구경하란다. 아무리 둘러봐도 내 눈에는 보이지 않았다. 그런데 위를 올려다보니 트로나도르 산 Monte Tronador 정상에 얼어붙은 눈이 보인다. 먼지가 묻어서 회색 같기도 하고, 그런데 검은색까지는 아닌데? 진짜 검은 빙하는 위쪽이 아니라 오른쪽 물 위에 떠 있었다. 아~ 실망이다. 보통 빙하가 있는 물은 정말 맑아서 그 푸르름이 눈을 정화시켜주는데, 여기는 물도 흙탕물에 빙하도 검은색이라 칙칙한 느낌만 들었다. 나는 빙하는 검어도 물만은 파란색일 거라 생각하고 멋진 경치를 볼 수 있을 거라 기대하고 왔는데, 혼자만의 착각이었다. 검은 빙하는 산꼭대기에서 떨어진 눈얼음이 화산재가 섞인 부드러운 흙과 섞이면서 만들어졌다고 한다. 다른 빙하들과 마찬가지로 이 검은 빙하도 지구온난화의 영향으로 계속 크기가 줄어들고 있다고 하니, 볼 사람은 빨리 가시길!

나는 검은 빙하가 투어의 메인인 줄 알았는데 진짜 메인은 따로 있었

물도 흙탕물, 빙하도 검은색

다. 바로 트로나도르 산 뒤쪽의 폭포, 빙하가 녹아서 흐르는 이 폭포를 보러 가는 게 오늘의 하이라이트였다. 실은 그저께 다녀온 구환의 사진을 보고 트로나도르 산에 대한 호기심과 기대감이 있었다. 가이드북에 소개되지 않은 생소한 곳이었지만 구환의 사진 속 배경이 너무 환상적이어서 꼭 가보고 싶었다. 나는 2시간 동안 기대를 품고 산을 올랐다. 그런데 날씨가 내 편이 아니었다. 안개가 많이 껴서 폭포가 잘 보이지 않았고, 바람도 세게 불어서 춥기까지 했다. 바람에 폭포의 물줄기가 휘는 게 보일 정도였다. 구환의 사진에서 본 그곳이 과연 맞나 싶었다. 그나마 비가 오지 않은 것을 다행이라 생각해야지.

　오늘은 자연에서 얻은 감동보다 런던에서 온 노부부에게서 받은 감동이 더 큰 날이었다. 젊지 않은 나이에 부부가 함께 여행하는 모습이 참 보기 좋았다. 트레킹을 하면서 서로 짐을 한 번씩 바꿔드는 모습은 두 분을 더 빛나게 했다. 그분들과 대화를 나누면서 더 부러운 점이 생겼다. "트레킹을 좋아하시나 봐요?"라고 물었더니 "우리 아들이 2년 전에 여길 다녀갔는데, 그때 찍은 사진을 보고 나도 꼭 한 번 와보고 싶었어"라고 하시는 게 아닌가. 이렇게 멋지게 사는 가족을 만나다니……, 내가 원하는 가족의 모습이 바로 이런 모습인데……. '나도 꼭 이런 남편을 만나서 그런 자식을 낳아야지~'라는 생각이 들었다. 할아버지, 참 부럽습니다~, 멋지게 사시네요.

페루에서 3박 4일 동안 트레킹을 해본 나에게 왕복 4시간의 트레킹은 힘든 축에도 못 끼었다. 그보다는 감동이나 재미도 없는 지루함의 연속이었다. 너무 좋은 걸 많이 봐서 눈이 무뎌진 탓도 있으리라. 검은 빙하 투어, 썩 만족스럽진 않았지만 아름다운 노부부를 만난 것으로 간 보람은 있었다. 내가 꿈꾸는 가족의 모습을 현실에서 보여준 런던 노부부, 그들을 만난 건 행운이었다. 훗날 나도 꼭 그렇게 살아야지~.

★ Smart Travel 바릴로체, 야무지게 여행하기

Q 바릴로체 자전거 투어, 누구나 할 수 있을까?

평지로만 달리는 게 아니어서 전혀 힘들지 않다고 하면 거짓말이다. 체력에 자신 없다면 쉬엄쉬엄 가면 된다. 천천히 간다고 뭐라 할 사람도 없다. 자전거만 탈 줄 알면 중간에 포기하는 사람은 거의 없다. 나와 친구도 저질 체력이지만 완주했다. 바릴로체 자전거 투어를 추천하는 이유는, 일단 자연을 벗 삼아 달리는 느낌이 너무 좋다. 바릴로체의 아름다운 모습을 가까이서 더 자세히 담을 수 있는 좋은 기회다.

누구나 가능!

왜 이렇게 힘드냐고 불평할 시간에 하나라도 더 눈에 담고 사진으로 남기자. 힘든 오르막길이 있으면 쉬운 내리막길도 있는 법, 자전거를 타면서 남들은 오기 힘든 이곳에 자신이 있음을 감사하게 될 것이다. 자전거 페달을 밟다 보면 어느새 자전거 투어는 끝나 있을 테고, 내 마음과 눈은 감동으로 가득 차 있을 것이다. 넉넉잡고 3시간이다. 어때 할 만하겠죠?

자전거 대여비
- 하루 종일: 85페소(22,500원)
- 반나절: 65페소(17,000원)

바릴로체 먹거리 Tip

남미를 시계 방향으로 돌고 있는 나에게 '바릴로체'는 아르헨티나에서 처음으로 밟은 땅이었다. 아르헨티나에서 빼놓을 수 없는 쇠고기를 처음 먹어본 곳이어서 더 기억에 남는 바릴로체. 숙소에서 저녁때마다 와인, 쇠고기, 버섯을 놓고 만찬을 벌였다. 아르헨티나부터는 밥을 사 먹은 기억이 거의 없다. 슈퍼에서 고기를 사다가 숙소에서 구워 먹으면 별 다섯 개짜리 레스토랑이 부럽지 않다. 여기는 길거리음식에도 쇠고기가 들어가는데, 우리가 생각하는 핫도그 안에 쇠고기를 넣은 '초리판 Choripán'은 정말 꿀맛이었다. 친구가 산 초리판을 한입 먹어봤는데, 와우! 가격도, 맛도, 양도~ 모두 굿! "오늘의 착한 핫도그로 선정하겠습니다."

'치즈'의 경험에서 나온 투어 정보

캄파나리오 & 자전거 투어

  13:40 캄파나리오 언덕 등반 시작

  14:10 캄파나리오 언덕 도착

바릴로체 전경

15:00 캄파나리오 언덕 하산 시작

15:20 하산 완료

16:10 자전거 투어 시작

18:50 드랍오프 지점 도착

19:10 시내로 돌아오는 버스 탑승

19:50 시내 도착

검은 빙하 투어

08:30 출발

09:10 국립공원 입구 도착(입장권 구입)

11:00 검은 빙하 도착

11:40 트로나도르 산 트레킹 시작

13:40 폭포 도착 후 점심식사 및 휴식

14:40 하산 시작

16:30 하산 완료

트로나도르 산 뒤쪽의 폭포

God made 13 빙하 | 엘 칼라파테

빙하 위에 내 발자국을 새기다

빙하는 남극과 북극에만 있는 게 아니구나 '빙하'는 남극이나 북극에 가야만 볼 수 있을 거라 생각했다. 산 위의 만년설이 얼어붙은 빙하 말고 물 위에 떠 있는 빙하 말이다. 그런데 남미 가이드북을 뒤적이면서 '헉, 여긴 어디지?' 하는 사진이 나를 사로잡았다. 그곳은 바로 엘 칼라파테 El Calafate, 거기 가면 내가 원하는 빙하를 볼 수 있었다. 나는 엘 칼라파테에 가기 전에 빙하 투어부터 알아보았다. 네 가지 종류가 있는데, 그중 제일 비싼 투어는 '빅아이스'라는 빙하 트레킹 투어다. 그 아래 단계인 '미니트레킹'과 비용 면에서 5만 원 정도 차이가 나지만, 빙하 위를 걷는 시간은 몇 배 차이가 난다. 투어를 안 할 거면 몰라도 할 생각이라면 무조건 '빅아이스' 트레킹을 하라는 소리를 많이 들었기에 나는 주저 없이 '빅아이스' 트레킹을 선택했다. 아니, 솔직히 투어 비용 19만 원에 국립공원 입장료 2만 5,000원을 더하면 20만 원이 넘는 금액이라 '주저 없이' 선택하지는 못했다. 발품을 팔며 더 할인해주는 곳을 찾아다녔다.

그런데 이 마을, 작아서 그런지 빅아이스 투어를 진행하는 업체가 한 곳뿐이다. 호스텔에서 예약하든 여행사에서 예약하든 똑같은 금액이다. 우리나라 상식으로는 호스텔에서 예약하면 커미션을 챙기는 부분이 있을 것 같은데 커미션도 없단다. 카드건 현금이건 호스텔에서 바로 결제할 수 있으니, 여행자에게 참 편리한 시스템이다.

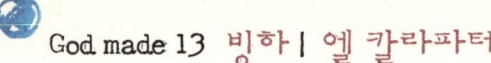

모레노 빅아이스 트레킹

어제 동생과 메신저로 대화를 나누었다. "언니! 내일 일정은 뭐야?" "응, 빙하 트레킹." "아니, 무슨 만날 트레킹만 해? 안 질려?" 그러고 보니 최근에 트레킹을 많이 해서 가족들이 들으면 이상하게 생각할 수도 있겠다. 하지만 각각의 트레킹마다 매력이 있으니 다 올라가볼밖에…….

아침 7시 30분, 어찌된 일인지 빅아이스 트레킹 버스가 보이지 않는다. 20분이 지났는데도 감감무소식이다. '혹 예약이 안 된 건가?' 불안해하고 있는데 버스가 도착했다. 원래 일정보다 30분이나 늦게 출발, 역시 여기도 '남미'다. 버스로 1시간 반 정도를 가니 빙하가 보인다. 책에서만 보던 빙하가 지금 내 눈앞에 있다. 사람들이 감동하는 그 타이밍에 버스 운전기사는 영화 〈불의 전차〉 OST까지 깔아주신다. 더 벅차오르는 감동에 눈물까지 찔끔~. 청량한 색깔로 빛나는 모레노 빙하, 입에 대면 마치 소다 맛이 날 것 같은 '파~란' 빛깔이 내 눈까지 시원하게 해준다.

포토타임을 15분밖에 안 준다는 말에 전망대에 내리자마자 사진 찍기에 바빴다. 사실 말이 15분이지, 15분을 정확히 지키는 사람은 아무도 없었다. 하도 사람들이 시간을 안 지키니까 아예 처음부터 시간을 줄여 말하는 것 같다. 그래야 30분쯤 됐을 때는 다 모일 테니 말이다. 디지털 카메라로도 찍고 휴대전화로도 찍고 폴라로이드로도 찍고, 그 와중에 한 외국인이 폴라로이드 사진 한 장만 찍어주면 안 되겠냐고 부탁한다. 여기서 어떻게 안 된다고 거절할 수 있을까. 게다가 우린 투어 참가자 중에서도 몇 안 되는 동양인이 아닌가. 우리로 인해 대한민국, 나아가 동양인의 이미지가

칼라파테 전망대에서 바라본 끊임없이 펼쳐진 빙하

결정될지도 모른다. 쿨하게 '예스~!' 했는데 외국인 일행이 다섯 명 정도는 된다. 아쉽지만 필름이 몇 장밖에 남아 있지 않아서 모두 다 찍어줄 수는 없었다. 그 친구들을 보면서 용기 있는 자가 뭔가를 얻을 수 있다는 것을 실감했다.

모레노 빙하 전망대를 찾는 여행자들 대부분은 얼음(빙하) 한 부분이 떨어지는 순간을 포착하고 싶어 한다. 얼음 한 부분이 떨어져 나가는 소리와 그것이 물에 부딪히는 소리, 그리고 그 여파는 또 다른 눈요깃거리기 때문이다. 하지만 그런 일이 자주 있다는 건 빙하가 녹고 있다는 뜻이고, 이곳에 온 사람들이 죄다 그런 장면을 볼 수 있다면 모레노 빙하의 수명도 얼마 남지 않았다는 의미다. 그걸 알면서도 나만큼은 '내 눈으로 직접 봤으면 좋겠다' 하는 생각이 드니 인간의 욕심이란⋯⋯.

차를 타고 선착장으로 이동했다. 그곳에서 배를 타고 빙하 트레킹을 할 수 있는 곳으로 갔다. 초반에 투어 참가자들의 장비를 점검해주는데 일일이 세심하게 살펴준다. 바람이 많이 불기 때문에 겉옷이 얇은 서양인에겐 겉옷을 빌려주고, 한쪽으로만 메는 가방을 갖고 온 나에겐 배낭을 빌려주고, 워커(군화)를 신고 온 일본인에겐 운동화를 빌려준다. 역시 비싼 투어라 그런지 빌려주는 것도 참 많다.

우리가 밟을 수 있는 빙하가 있는 코스로 이동했다. 조금만 걸어가면 되는 줄 알았는데 꽤 경사진 길을 30분은 족히 걸었다. 드디어 모레노 빙하를 내 발 아래 두었다. 태어나서 처음으로 신어보는 아이젠도 신기했고, 저 멀리 끝이 안 보이는 빙하도 놀랍다. 여기서 또 한 번 대자연에게 깊은 감동을 받는다. 빙하 위를 걷는 일은 가이드 없이는 불가능하다. 크레바스

자연 앞에서 정말 작은 존재인 사람들

(빙하가 갈라져서 생긴 틈)에 잘못 발을 딛었다가는 뼈를 빙하에 묻을지도 모르는 일이기 때문이다.

  날씨도 너무 좋았고 바람도 딱 적당하게 불었다. 그런데 아까 전망대에서 본 소다 맛 얼음처럼 보이는 부분을 걸을 줄 알았는데, 이렇게 깊이 들어오니 완전 딴 세상이다. 마치 하얀 눈밭 같다. 1시간 30분 정도 걸었을까, 빙하가 녹아서 물처럼 흐르는 곳에서 잠시 쉬며 점심을 먹었다. 우리가 준비해온 점심은 빵과 달걀, 목이 마르면 빙하 녹은 물을 떠 마시면 된다. 과연 빙하 맛은 어떨까? 페트병이 없어 두 손으로 물을 뜨려고 했더니

모레노 빙하 트레킹
Go~

넣자마자 손이 얼음장 같이 차가워진다. 하긴 얼음 녹은 물이 얼음 위에서 흐르고 있으니 얼마나 차갑겠는가. 맛은? 차가워도 너~무 차가워서 맛을 느끼지 못할 정도다. 입 안이 얼얼, 그래도 청량감은 최고! 점심을 먹은 곳을 반환점으로 다시 되돌아 내려왔다. 좀 걸었더니 아이젠에 익숙해져서 제법 속도를 낼 수 있었다.

가이드는 빙하 위를 마치 맨땅처럼 걸어 다닌다. 살얼음이 낀 것처럼 보이는 곳에서 가이드가 보란 듯이 걷고 있다. 조금만 발을 잘못 디디면 물속 깊이 빠질 것 같은 불안감에 우리 모두 손에 땀을 쥐고 가이드의 행동을 지켜보았다. 마치 물 위를 걷고 있는 듯했다. 아이스엑스로 여기저기를 짚어가며 자신이 발을 딛을 곳을 찾는 가이드의 모습을 보며 도대체 얼

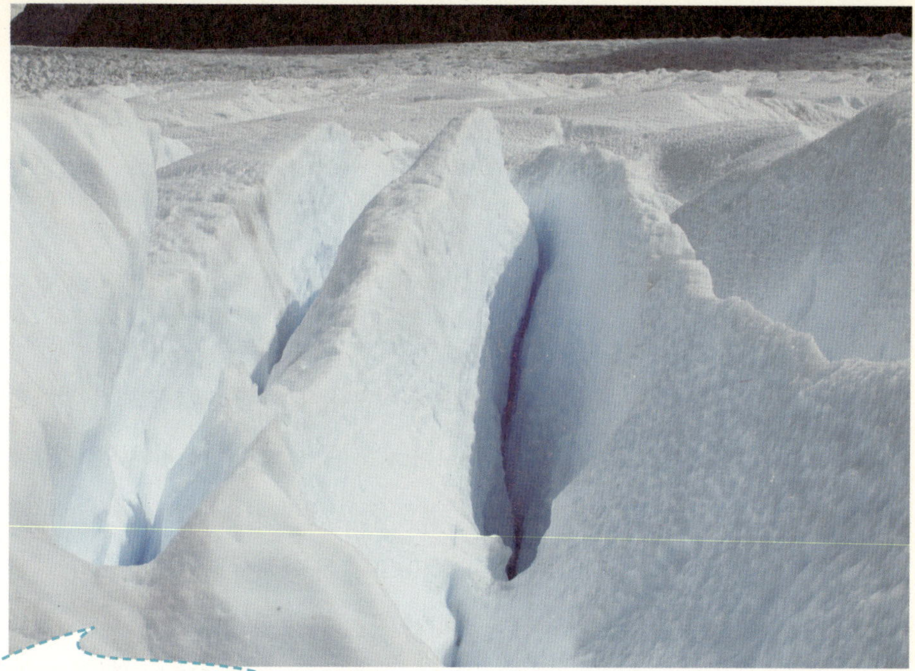

크레바스에 빠진 순간 끝도 없이
추락할 듯

빙하 속의 폭포~
콸콸콸~

마나 많이 왔으면 저 정도로 얼음을 잘 알까, 궁금했다. 이렇게 멋진 곳도 매일 다니면 감동이 무뎌지겠지? 가이드가 안전하다며 포인트를 집어준 곳에 나랑 지영이 올라가서 사진을 찍었는데, 마치 합성 사진처럼 멋지게 나왔다. 자연을 체험하는 것은 정말 흥미로운 일이다.

　　어느새 우리가 아이젠을 신은 지점에 도착했다. 4시간이나 흘렀다. 사람이 무언가에 집중할 때 흐르는 시간의 단위는 평상시에 보내는 시간의 단위와 다른 것 같다. 시작 지점으로 돌아온 뒤 아까 힘들게 걸어서 올라온 길을 또 힘들게 걸어 내려갔다. 빌렸던 장비들을 반납한 후 휴식을 취하며 배를 기다리는 사람들, 뭔가 기다리는 눈치다. 빙하 한 부분이 떨어져 내리기를…….

빙하 투어의 피날레는 돌아가는 배 안에서 이뤄진다. 바로 빙하 얼음 조각에 타주는 위스키 한잔, 다른 사람들의 블로그에서 보고 나도 얼마나 마셔보고 싶었는지……. 솔직히 맛있지는 않았다. 일단 위스키가 저가였고, 빙하에 설탕을 넣은 것도 아니니 보통 얼음 맛과 다르지 않았다. 그래도 기분 내기에는 충분했다. 아이젠을 신고 빙하 위에서 보낸 4시간이 생각보다 에너지 소모가 컸나 보다. 돌아오는 차 안에서 숙면을 취했다.

내 인생에서 모레노 빙하를 다시 볼 기회가 있을까. 칼라파테 열매를 먹으면 다시 이곳으로 온다는 전설이 있던데, 엘 칼라파테를 떠나기 전 급하게 먹은 칼라파테 아이스크림이 날 다시 불러주려나…….

★ Smart Travel 엘 칼라파테, 야무지게 여행하기

Q 모레노 빙하를 최고로 즐기는 방법은?

엘 칼라파테에서 모레노 빙하를 즐기는 방법은 네 가지가 있다. 돈, 시간 안 들이고 빙하를 보려면 그냥 전망대에서 바라보기. 이것만으로는 부족하다 싶으면 배를 타고 빙하로 가기. 어느 것이든 선택은 자유지만 만족도는 엄청 차이 난다.

시원한 소다 맛 아이스크림이 생각나는 칼라파테 빙하

- <u>전망대에서 보기</u>: 버스를 타고 전망대까지 가서 빙하를 보고 온다.
- <u>배도 타고 전망대도 가보기</u>: 배를 타고 빙하 가까이 갔다가 되돌아오는 길에 전망대에 들러 빙하를 보고 온다.
- <u>모레노 미니트레킹</u>: 배를 타고 빙하까지 간다. 빙하 위를 아주 짧게 걸어보고 되돌아온다.
- <u>모레노 빅아이스 트레킹</u>: 배를 타고 빙하까지 간다. 그리고 30분을 산 타듯이 올라가서 완전 꽁꽁 언 빙하 한가운데서 4시간 정도 걸어볼 수 있다(단, 빅아이스는 50명 선착순 마감).

모레노 빅아이스 트레킹 Tip

앞에서 잠깐 언급했듯이, 빙하 트레킹을 아예 건너뛸 생각이라면 모를까, 할 거면 당연히 '빅아이스'를 추천한다. 미니트레킹을 하고 만족했다는 사람을 아직까진 못 봤다. 빅아이스 트레킹을 할 때는 선글라스와 운동화를 반드시 준비하자. 빙하 중간 지점부터 걷기 시작하는데 30분 정도 산을 타듯이 올라가야 하므로 운동화가 꼭 필요하다. 또한 아이젠을 착용하기 위해서도 운동화는 필수다. 물론 투어 업체에서 빌려주기도 하지만, 누가 신었을지도 모르는 비위생적인 운동화보다는 발에 꼭 맞는 자기 운동화가 낫지 않을까? 빙하 트레킹을 할 때는 옷도 따뜻하게 입고 가야 한다. 빙하 위에서 맞는 칼바람은 상상 그 이상이다. 장갑도 빌려주나 개인적으로 사용하고 싶은 사람은 챙겨가길 바란다.

'치즈'의 경험에서 나온 투어 정보

빅아이스 트레킹

- 비용: 770페소(190,000원) + 국립공원 입장료 100페소(25,000원) = 880페소(215,000원)
- 소요시간: 12시간
- 내용

  07:30 호스텔로 픽업

  09:20 모레노 국립공원 도착 & 전망대 구경

  10:20 버스를 타고 선착장으로 이동

  10:30 배를 타고 빅아이스 트레킹 시작 지점으로 들어감

10:50　10분 정도 준비물을 체크한 후 40분 정도 트레킹

11:50　20분 정도 아이젠과 하네스 체크, 20분 정도 아이젠 착용

12:30　빅아이스 트레킹 시작

13:50　점심식사(도시락 준비)

14:20　다시 출발

15:40　끝~! 아이젠 해체

15:50　아이젠 정리 후 하산 시작

16:30　선착장 도착 후 휴식

17:00　돌아가는 배 탑승, 빙하(얼음조각)가 떠 있는 위스키 한잔!

19:00　엘 칼라파테 마을 도착

빙하 동동 위스키

God made 14 돌 | 엘 찰텐

세계 5대 미봉으로 꼽히는 피츠로이가 있는 곳

엘 칼라파테에 큰 짐은 두고 떠나는 엘 찰텐 엘 칼라파테에서 엘 찰텐 El Chaltén까지는 버스로 2시간 거리, 우리는 큰 짐은 엘 칼라파테에 남겨두고 간단한 세면도구와 트레킹 장비만 챙겨서 엘 찰텐으로 향했다. 예상 일정은 2박 3일, 하지만 엘 찰텐의 날씨가 워낙 변화무쌍해서(파타고니아 지역 중에서도 특히 엘 찰텐은 날씨를 종잡을 수가 없다) 최대 4일까지 여유 있게 일정을 잡았다. 서둘러 아침을 먹고 7시 버스를 타기 위해 숙소를 나왔다. 늘 아침잠이 모자란 우리에게 버스는 움직이는 침대나 마찬가지, 앉자마자 깊은 잠에 빠져들었다.

처음에 들른 곳은 트레킹 루트와 날씨, 이 지역에 사는 동물, 트레킹하면서 유의할 점에 대해 설명해주는 일종의 안내소였다. 이곳에서 30분 정도 설명을 들은 후 다시 버스에 올라 엘 찰텐 터미널로 갔다. 버스에서 내리자마자 가장 먼저 할 일은 숙소 잡기. 마을이 아담해서 조금만 걸어도 다 돌아다닌 느낌이다. 역시 깨끗하고 시설이 좋다 싶으면 숙박비가 비싸다. 발품을 팔아서 시설과 가격이 괜찮은 곳에 짐을 풀었다. 구름이 많이 끼긴 했지만 '토레 산 Cerro Torre' 트레킹을 다녀오기로 했다.

토레 산 트레킹

토레 산은 엘 찰텐 마을에서 '피츠로이 산Cerro Fitz Roy' 다음으로 많이 가는 트레킹 지역이 아닐까 싶다. 이 산은 혼자 다녀도 큰 어려움이 없는데, 길도 잘 나 있고 표지판도 군데군데 잘 설치돼 있어서 헤맬 일도 없었다. 트레킹을 시작한 지 3시간쯤 지나 토레 호수에 도착했다. 그동안 멋진 풍경을 너무 많이 봐서 토레 호수로 가는 길은 그다지 특별해 보이지 않았다. 안 좋은 날씨 탓에 시야가 좁아진 이유도 있었지만, 그보다는 지난주에 칠레에서 '트레킹의 종합선물세트'인 토레스 델 파이네 지역을 트레킹했기 때문이다. 불과 며칠 전에 풀코스로 차려진 진수성찬을 맛봤는데 이 정도가 눈에 들어오겠는가.

설상가상으로 도착해보니 구름이 끼어 토레 산봉우리가 보이지 않는다. 혹시나 하는 기대감에 휴식도 취할 겸 앉아 있는데 다행히 점점 구름이 걷히고 토레 산봉우리가 눈에 들어왔다. 파타고니아에서는 '사진은 조금 있다가 찍어야지' 해서는 안 된다. 언제 또 구름에 가려질지 모르기 때문에 구름이 걷히면 무조건 카메라부터 들어야 한다. 나는 토레 산봉우리가 모습을 드러낸 순간을 놓치지 않고 사진에 담았다. 다행히 구름이 다시 몰려들지 않아서 토레 산을 계속 감상할 수 있었다. 토레 산과 빙하, 호수가 멋진 풍경을 만들어냈다. 내일 피츠로이 산도 날씨가 좋아야 할 텐데, 복권 당첨을 기다리는 것처럼 떨린다.

오른쪽에 보이는 봉우리가 토레 산

피츠로이의 환영식

피츠로이 산은 그냥 봐도 멋지지만 맑은 날 일출 때 보면 몇 배는 더 멋지다는 글과 사진을 가이드북에서 봤었다. 일명 '불타는 피츠로이'. 화강암 재질인 피츠로이 산이 떠오르는 태양빛을 반사시키면서 온통 붉게 물드는 모습은 장관이 따로 없다. 구름 한 점 없을 때 가야 제대로 된 일출을 볼 수 있다는데, 둘쨋날 새벽에는 별이 하나도 보이지 않아 가지 못했다. 포기하고 다시 침대에 누웠지만 갈등이 쉬 사라지지 않았다. 밑져야 본전인데 그냥 한 번 가볼까 하는 생각도 들었고, 어차피 가도 오늘은 구름 때문에 볼 수 없을 테니 내일 새벽에 가보자 하는 생각도 들었다. 경험상 이

동네에서 하늘이 맑게 개는 시간은 오후 3~4시쯤이므로 차라리 그 시간에 맞춰 가기로 하고 다시 잠이 들었다. 꿈속에서 나는 붉게 불타는 피츠로이를 보았다. 아, 이번에도 내 꿈이 이루어지려나?

아침 9시 기상, 여전히 구름이 자욱하다. 새벽에 나가지 않길 잘했다는 생각이 들었다. 천천히 아침을 먹고 10시 30분쯤 숙소를 나섰다. 피츠로이까지는 왕복 8시간이 걸린다고 하는데 날씨가 문제였다. 볼 수 있다는 보장만 있으면 그깟 8시간 걷는 게 대수일까, 3일도 걸었던 우린데. 나는 8시간을 걸었는데 수확이 없으면 어쩌나 하는 생각에 가야 할지 말아야 할지 고민스러웠다. 하지만 오늘이 아니면 올라갈 시간이 없었다. 결국 우리는 구름이 안 걷히더라도 정상을 찍고 내려왔다는 것에 만족하기로 하고 올라갔다. 오르막길을 힘들게 올라갔는데도 피츠로이 산맥은 보이지 않았고 구름도 걷힐 기미가 안 보였다. 트레킹의 재미는 멀리 보이는 광활한 풍경인데, 구름 때문에 가시거리가 얼마 되지 않아 한참을 걸어도 주변 풍경만 보이니 지루하기 짝이 없었다. 그나마 바람이 세지 않아 걷기에는 참 좋은 날씨였다. 바람이 많이 분다는 이야기에 겁먹고 바지 안에 쫄바지까지 입고 갔는데 더워서 중간에 벗을 정도였다.

한 고개를 넘고 두 고개를 넘고, 여느 때와 마찬가지로 각자 페이스에 맞추느라 지영과 따로 떨어져 걸었다. 그렇게 혼자 걸으면서 많은 생각을 했다. 친구랑 둘이, 그것도 여자 둘이서 다녀왔다고 하면 다들 물어보는 말이 "안 싸웠냐?"였다. 석 달 동안 하루도 안 빠지고 같이 다녔는데 왜 부딪힐 일이 없었겠는가. 하지만 우리는 별문제 없이 잘 지내다 돌아왔다. 같이 다니다가도 트레킹 시간만큼은 따로 떨어져서 혼자 조용히 생각하며 걸은 것이 큰 도움이 되지 않았나 싶다. 물론 서로 배려하는 마음이 없으면 이런 시간도 소용없을 테지만. 아무튼 혼자 걸으며 생각하는 시간은 나를 한층 더 성장시켜주었다.

여전히 하늘엔 구름이 가득했다. 나는 간절히 기도했다. '당신에게 구름 한 장 정도 걷는 일은 아무것도 아님을 알고 있습니다. 제가 여기에 올 일이 평생 또 언제 있을까요? 지금이 아니면 볼 수 없을 것 같습니다. 저에게 당신이 만든 이 멋진 곳을 두 눈에 담아갈 수 있는 기회를 주세요. 당신만 믿습니다.' 마음속으로 계속 외쳤지만 나의 믿음은 10퍼센트에 지나지 않았다. 나머지 90퍼센트는 인간의 시선에서 '벌써 오후 2시인데 이렇게 많은 구름이 어떻게 걷히겠어? 어휴, 오늘은 글렀어. 피츠로이를 결국 못 보고 가겠군. 아쉽다!' 하는 생각으로 가득했다. 나는 말의 힘을 믿기 때문에 어떤 상황에서도 긍정적으로 말하려고 애쓰는 편이다. 노래가사처럼 '말하는 대로' 된 적도 많았다. 나는 10퍼센트라는 콩알만 한 믿음을 품은 채 지영에게 "걷힐 거야, 걱정 마. 점점 걷히는 것 같은데, 기다려보자~'라고 말했다.

리오 블랑코 Rio Blanco 전망대에 거의 다 왔을 무렵, 경사가 너무 심해서 가도 가도 끝이 없는 오르막길을 만났다. 어제 갔던 토레 산의 길은 피츠로이 길에 비하면 산책로 수준이었다. 가다가 부부 동반으로 여행하는 한국인들을 만났다. 자신들은 버스시간 때문에 내려가지만 우리는 꼭 피츠로이를 보고 오라면서 행운을 빌어주셨다. 그분들에게 피츠로이가 어느 정도 보이냐고 물으니 '하나도 안 보여'라고 하신다. 희망의 불씨가 점점 꺼져가는 기분이었다.

구름 걷힌 피츠로이와
럭키 걸들

마침내 정상에 도착했다. 역시 피츠로이 산이 하나도 보이지 않았다. 우리처럼 희망을 갖고 기다리는 여행자들이 더 있었다. '아, 이렇게 열심히 올라왔는데……. 어쩔 수 없지, 30분만 앉아 있다가 걷힐 기미가 안 보이면 내려가야지~.' 우리는 간식도 먹고 휴식도 취하며 구름이 걷히길 기다렸다. 비록 피츠로이 산은 안 보였지만 그 옆에 빙하가 녹아서 흘러내려온 물은 옥빛으로 빛나고 있었다. 30분쯤 흘렀을까, 구름의 흐름이 심상치 않았다. 서서히 움직이기 시작하는 구름들, 그리고 마침내 모습을 드러내는 피츠로이 산! 나는 두 눈을 의심했다. '어머나, 세상에!' 정말 거짓말 같이 구름이 걷히더니 세계 5대 미봉 중 하나인 피츠로이가 눈에 들어왔다. '오

마이 갓! 저에게 또 한 번 이렇게 큰 감동을 주시는 겁니까?' 눈앞의 기적 앞에서 나는 말을 잇지 못하고 감탄사만 연발했다.

오전 날씨 다르고 오후 날씨 다른 이 지역에서 피츠로이는 구름 속에서 살짝 보였다 사라지는 일이 태반이기 때문에 꼭 보고 싶은 사람은 일정을 넉넉하게 잡는 것이 좋다. 구름에 가려지지 않은 피츠로이를 본다면 운이 아주 좋은 거라고 가이드북에 나와 있었는데, 우리는 완전히 '럭키 걸'이었다. 한 번 갠 하늘은 1시간이 넘도록 깨끗했다. '이대로라면 내일 새벽에 일출도 볼 수 있겠는걸!' 정신없이 사진을 찍다 보니 1시간이 훌쩍 지났다. 나는 새벽까지 구름이 끼지 않기를 바라며 산을 내려왔다. 그런데 자꾸만 뒤를 돌아보게 된다. '너 아직 그대로 있니?'

3시간 30분 만에 엘 찰텐 마을에 도착했다. 구름이 없으니 마을에서도 피츠로이 산이 잘 보인다. 이렇게 잘 보이는 걸 모르고 올라갔기 때문에 감동이 배가 된 듯하다. 마치 공연 시작 전에 커튼으로 가려져 있던 무대가 공연 시작 후 커튼이 올라가면서 짠~ 하고 나타난 기분이랄까. 구름이라는 커튼 뒤에 숨겨져 있던 피츠로이를 감명 깊게 보고 왔다고 말하면 다른 사람들에게 와 닿으려나? 새벽까지 이 상태가 지속된다면 내일 일출을 보고 엘 칼라파테로 돌아갈 수 있겠지.

이글이글 불타는 피츠로이

새벽 4시 40분, 지영의 휴대전화 알람이 울렸다. 그와 동시에 무서운 속도로 알람을 꺼버리는 지영의 손, 하지만 '파블로프의 개'처럼 무의식인 반응일 뿐 지영이 일어난 건 아니었다. 나도 알람소리에 깼다가 다시 잠이 들었다. 한참 잔 것 같아서 화들짝 놀라 일어났는데 다행히 2분밖에 안 지났다. 만약 오늘도 하늘에 별이 보이지 않는다면 여기서 하룻밤 더 묵고 내일 새벽에 한 번 더 시도해볼 생각이었다. 일단 지영을 깨워 밖으로 나갔다. 맙소사, 별이 엄청 많이 떠 있었다. '그래, 바로 이거야!' 이왕이면 리오 블랑코 전망대에서 일출을 보면 좋으련만 우리에겐 불가능한 일이었다. 그러려면 전날 텐트를 갖고 올라가 전망대 근처에서 자야 하기 때문이다.

우리는 1시간 30분 정도 걸어서 도착하는 피츠로이 전망대에서 일출을 감상하기로 했다. 추울까봐 핫팩도 온몸에 붙이고 아침식사로 먹으려고 삶아놓은 달걀을 싸서 피츠로이 전망대로 향했다. 트레킹 시작 지점에 도착해 하늘을 올려다보니 별이 쏟아질 것처럼 많이 보였다. '오늘은 구름이 진짜 없겠다~.' 헤드랜턴을 꺼내들고 출발. 이 순간 함께 여행하는 친구의 고마움을 다시 한 번 느낀다. 빛 하나 없는 길을 혼자 가려면 대단한 용기가 필요할 터인데 함께여서 무섭지 않았다. 트레킹을 시작할 때쯤 어떤 할아버지 한 분이 보였다. 그렇게 세 명이 한 곳을 향해 오르기 시작했다. 이렇게 날씨가 좋은 날이 드물기 때문에 일출을 보러가는 사람들이 많을 거라고 생각했는데 그다지 많지는 않았다. 어쩌면 다들 리오 블랑코 전망대 근처에서 캠핑을 하며 일출을 기다리고 있는지도 모르겠다. 1시간쯤 걸어가니 동이 트기 시작한다. 방금까지 보였던 별들이 자취를 감추고, 서서히 피츠로이 산 정상이 눈에 들어왔다. 새벽 5시에 출발해서 6시 40분쯤

이게 바로 불타는 피츠로이

도착했으니 1시간 30분 만에 피츠로이 전망대에 오른 셈이다. 올라올 때는 걷느라 추운 줄도 몰랐는데 일출을 기다리며 가만히 앉아 있으니 점점 추위가 느껴진다. 이럴 때 핫팩이 진가를 발휘한다. 나는 함께 올라온 이탈리아 할아버지께도 핫팩을 하나 드렸다. 적지 않은 연세에 트레킹을 하시는 모습이 너무도 멋지고 존경스러웠다.

　7시 10분쯤 되자 하늘이 완전히 밝아지고 해도 점점 올라왔다. 지금부터 본격적인 일출 쇼가 벌어진다. 피츠로이 산꼭대기부터 점점 붉게 물들기 시작해 이내 산 전체로 번져간다. 10여 분간 쇼가 진행되고 7시 20분쯤에 최고점을 찍는다. 그러고는 다시 하얘지는 피츠로이……. 분주히 누르던 셔터를 멈추고 여유롭게 친구와 삶은 달걀과 과일로 배를 채웠다. '아, 내가 불타는 피츠로이까지 보게 될 줄이야.' 파타고니아를 완전 정복한 기분이다.

"하나님! 당신은 정말 최고입니다. 날씨가 변덕스럽기로 유명한 이 동네에서 바람을 잠재워 제 살결을 보호하시고 구름을 걷어 제 눈을 즐겁게 하시니, 당신이 만드신 이 세상이 얼마나 아름다운지 저 혼자만 보기에는 너무 아까울 정도입니다. 고맙습니다."

하산하는 발걸음이 새털처럼 가벼웠다. 저절로 감사인사와 콧노래가 흘러나왔다. 우리는 기분 좋게 호스텔로 돌아가 체크아웃 준비를 마쳤다. 오전 11시, 이제 정말 피츠로이와 이별한 시간이다. 엘 칼라파테로 가는 버스에 몸을 싣고 마지막으로 피츠로이를 돌아보니 어느새 구름이 몰려들고 있었다. 분명 좀 전까지만 해도 맑았는데 저 구름들이 대체 어디서 온 건지……. '아, 이래서 이 동네 날씨가 변덕스럽기로 유명하구나. 그나저나 지금 올라가는 사람들은 피츠로이 봉우리를 제대로 보지 못할 수도 있겠네, 안타깝군.' 나는 봤다고 남들 걱정하는 여유까지 생겼다. 엘 찰텐에서 보낸 2박 3일! 하루도 버리지 않고 알차게 보낸 덕분에 좋은 기억만 갖고 갈 수 있어서 뿌듯했다.

한국에 있는 가족들이 "오늘은 뭐하니?"라고 물으면 그동안 수도 없이 "트레킹~"이라고 대답했는데, 그렇게 말하는 것도 오늘로서 끝이었다. 피츠로이 트레킹을 마지막으로 이제 남은 여행 일정에는 트레킹이 없었다. 피날레 트레킹을 멋져도 너~무 멋지게 장식했다. 안녕~ 불타는 피츠로이.

★ Smart Travel 피츠로이 산, 야무지게 여행하기

Q '불타는 피츠로이'를 제대로 감상할 수 있는 비법은?

트레킹 마지막 날 '불타는 피츠로이'를 본 것은 정말 행운이었다. 사실 피츠로이와 더 가까운 리오 블랑코 전망대에서 일출을 봤으면 감동이 더 컸을지도 모른다. 하지만 캠핑까지 하며 일출을 기다렸는데 날씨가 궂어 허탕 치면 어쩌나 싶어서 포기. 대신 엘 찰텐 마을에서 자고 새벽에 일어나 피츠로이 전망대까지 걸어가서 보는 쪽을 선택했다(이때도 날씨가 좋으면 가고 나쁘면 안 가는 걸로

세계 5대 미봉으로 손꼽히는 피츠로이의 모습

의견을 모았다).

　엘 찰텐에 2박 3일 동안 머물렀는데 둘쨋날 새벽은 구름이 많아서 실패했고, 셋쨋날 새벽은 별이 쏟아질 것처럼 많이 보여서 일출 보러 출발~. 랜턴 없이는 한치 앞도 볼 수 없는 상황인데 나는 기껏 챙겨온 헤드랜턴을 엘 칼라파테에 두고 왔다. 그래서 지영이 헤드랜턴을 갖고 앞장서 걸었고, 나는 그 뒤를 휴대전화 조명에 의지해 따라갔다. 동이 트면서 저 멀리 피츠로이 꼭대기가 보이기 시작했다. 우리는 더 부지런히 걸어 쇼가 시작되기 전에 피츠로이 전망대에 도착할 수 있었다. 일출이 시작되고 꼭대기부터 빨갛게 물들기 시작하여 완전히 활활 타오르는 피츠로이가 되었다가 차츰 노란색으로 변하면서 쇼가 마무리된다. 그때쯤

이면 해가 완전히 하늘 위에 뜬다. 어느 산에서나 해는 뜨는데, 왜 유독 피츠로이 산에서 이런 진풍경이 벌어지는 걸까?

　가장 큰 이유 중 하나는 피츠로이가 화강암으로 이루어진 산이기 때문이다. 화강암의 특징은 결정이 큰 광물들로 이루어져 있다는 것, 그러다 보니 각각의 광물들의 특성이 잘 살아 있다. 그중에서도 석영과 흑운모는 반사율이 좋은 편에 속한다. 게다가 피츠로이가 태양과 마주보고 있다는 것도 이유 중 하나. 피츠로이의 화강암이 태양빛을 반사하면서 이글이글 불타는 모습을 연출할 수 있는 것이다. 우리나라에도 화강암 산이 있지만 피츠로이와 같은 일출을 보여주지는 못한다. 그 이유는 화강암이 지표에 드러나기도 전에 풍화되어 모서리 부분이 둥글어졌고, 이 형태가 지표에 노출된 뒤에도 빗물과 온화한 기온에 영향을 받아 크게 훼손되지 않고 유지되기 때문이다. 반면 엘 찰텐은 기온이 낮기 때문에 기계적 풍화가 왕성하고 빙하에 의한 침식도 활발해서 화강암의 절리면이 깊게 발달하고 각진 형태로 다듬어졌다. 그 결과 세계에서 가장 아름다운 봉우리로 꼽힐 만큼 멋진 모습이 되었다.

엘 찰텐 트레킹 Tip

캠핑 장비를 짊어지고 다니기 힘들다면 나처럼 마을 호스텔을 베이스캠프로 삼아도 좋고, 마을에서 캠핑 장비를 렌트하여 대자연 속에서 캠핑을 하는 것도 나쁘지 않을 것이다. 특히 '불타는 피츠로이'를 리오 블랑코 전망대에서 볼 생각이라면 캠핑은 필수! 날씨만 좋다면 최고로 특별한 경험이 될 것이다.

'치즈'의 경험에서 나온 트레킹 정보

토레 산 트레킹

- 소요시간: 7시간
- 내용

  12:00 출발

  15:00 토레 호수 도착

  16:00 하산 시작

  19:00 엘 찰텐 마을 도착

토레 호수

피츠로이 산 트레킹

- 소요시간: 10시간 30분
- 내용

  10:30 출발

  12:00 카프리 캠프 Campamento Capri 도착

  14:30 리오 블랑코 전망대

  16:45 하산 시작

  18:45 피츠로이 전망대 도착

  21:00 엘 찰텐 마을 도착

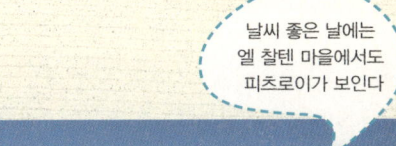
날씨 좋은 날에는 엘 찰텐 마을에서도 피츠로이가 보인다

God made 15 폭포 | 푸에르토 이과수

악마의 목구멍, 이과수 폭포

떠올리기만 해도 벅찬 물소리 거대한 폭포를 머릿속에 떠올려보자. 엄청난 규모가 시각과 청각을 압도할 것이다. 낙하하는 폭포의 느낌은 잔잔한 물과는 또 다르다. 그래서인지 사람들은 세계 3대 폭포라는 순위까지 매겨놓았고, 그중에서도 '이과수 폭포Cataratas de Iguazú(에스파냐어로는 '이과수', 포르투갈어로는 '이구아수'라고 불린다. 이 책에서는 '이과수'로 표기)'를 베스트로 꼽는다. 빅토리아 폭포와 나이아가라 폭포를 합친 것보다 더 크다고 한다. 미국의 루스벨트 대통령 부인이 이과수를 보더니 "아, 불쌍한 나이아가라!"라고 했다는 유명한 일화가 있다.

이과수 폭포는 영화 〈미션〉의 배경 장소로도 유명하다. 영화 〈미션〉의 OST '넬라판타지아'는 영화보다 더 잘 알려져 있다. 그래서인지 나도 이과수 폭포를 바라보면서 '넬라판타지아'가 절로 떠올랐는데 어쩜 그렇게 이과수 폭포와 잘 맞아떨어지는지……. 음악과 함께 폭포를 바라보니 감동이 배로 돌아온다.

이과수 폭포를 피부로 느끼다

이과수 폭포 투어를 하기 위해 아침 일찍 출발했다. 먼저 갔다 온 친구들이 이과수 국립공원이 너무 더워서 탈진할 지경이었다고 해서 잔뜩 긴장했는데 생각보다 덥지는 않았다(실제로 우리가 갔을 때가 덜 더운 날이었다). 처음 이과수 국립공원에 입장했을 때는 마치 놀이공원에 온 듯했다. 폭포 소리는 들리지 않고 서울랜드의 코끼리열차처럼 생긴 열차와 열차 선로, 관리소, 기념품 가게 등이 즐비해서 더더욱 그렇게 느껴졌다.

열차를 타고 이동해서 첫 번째 정류장인 카타라타스Cataratas 역에서 내렸다. 이과수 폭포의 하이라이트인 '악마의 목구멍Garganta del Diablo'을 보려면 두 번째 정류장에서 내려야 하지만, 우리는 먼저 보트 투어로 이과수 폭포수를 온몸에 흠뻑 적신 뒤 천천히 구경하면서 옷을 말릴 생각이었기 때문이다. 보트 투어를 먼저 해야 옷도 잘 마르고 사람도 적어서 금방 탈 수 있다는 조언을 들은 터라 그대로 따르기로 했다. '악마의 목구멍'은 오늘 투어의 피날레로 남겨 두었다.

열차에 내려서 걸어갈 때까지만 해도 폭포 소리가 안 들렸는데 조금 더 가니 엄청 큰 물소리가 들리기 시작했다. 드디어 나타난 이과수! 상상했던 것보다 소리가 더 크다. 도대체 몇 개의 물줄기가 있는 건지, 폭포 아래쪽은 아예 물안개가 일어나서 뿌옇다. 덕분에 무지개도 참 많이 나타났다. 파노라마처럼 펼쳐진 이과수의 모습에 나는 정신없이 사진을 찍었다. 크고 작은 폭포가 274개나 된다고 하니, 그 모습이 거대할 만도 하다.

보트 선착장에 도착하니 사람들이 별로 없었다. 금세 우리 차례가 되

세계에서 가장 큰 폭포답게 스케일이 다른 이과수

어 배에 탑승했다. 내 뒤에 앉은 일본인은 물안경을 착용했다. '준비 많이 해왔군. 저 물안경 탐나네~.' 나는 보트를 타고 '악마의 목구멍' 가까이 갈 줄 알았는데 전혀 아니다. 악마의 목구멍과 멀찍이 떨어져서 일단 주변을 한 바퀴 돌아본 보트는 우리의 목적지인 산 마르틴 San Martin 폭포를 향해 출발! 그런데 산 마르틴 폭포도 수압이 장난 아니다. 폭포 가까이 댄 뱃머리가 그대로 튕겨져 나오는 게 몸으로 느껴진다. 물이 튀어 앞도 잘 보이지 않고 숨도 잘 쉬어지지 않는다. 정신없는 와중에도 사람들은 마냥 좋다고 깔깔거리고 환호성을 지른다.

한 번 더 뱃머리가 폭포수를 향해 돌진한다. '이번엔 제대로 눈뜨고 있어야지!' 그러나 마음 먹은 것과 달리 본능적으로 눈이 감긴다. 일본인의 물안경이 더 부러워지는 순간이다. 두 번째 시도했을 때 호응이 좋아야 폭포에 한 번 더 들어갈 수 있다. 투어 진행자들이 배에 탄 사람들의 분위기에 맞춰주는 듯하다. 기본이 두 번이고, 호응이 좋으면 세 번까지도 들어가는 것 같았다. 우리 배는 호응이 좋은 편에 속했고, 나 역시 짧은 에스파냐어로 '한 번 더!'를 크게 외쳤다. 자, 한 번 더 돌진! 사람들의 함성이 커지자 이번에는 뱃머리를 틀더니 반대쪽 '이총사Dos Mosqueteros' 폭포로 간다. 그쪽은 수압이 그나마 약해 폭포로 들어갈 때 눈을 뜰 수 있었다. 흥분이 채 가라앉기도 전에 다 끝났다고 내리란다. 아쉽긴 했지만 이쯤에서 끊어주는 게 맛이지, 한 번 더 했으면 이만큼 재미있었을 것 같지 않다.

보트를 먼저 탄 것은 잘한 선택이었다. 보트를 타고 나오니 입구에 사람들이 바글바글하다. 역시, 먼저 경험한 친구들에게 얻는 팁이 최고다. 이과수는 위쪽에서 볼 수 있는 폭포와 아래쪽에서 볼 수 있는 폭포로 나뉘는데, 보트에서 내린 뒤 지도를 봐가면서 악마의 목구멍 외 다른 폭포들을 다 보러 다녔다. 아주 큰 폭포들을 보다가 작은 폭포를 만나니 마치 수도꼭지에서 졸졸 새나오는 물 같다. 문득 세계 1위라는 이과수 폭포를 보았으니 이제 다른 폭포가 눈에 찰까 싶었다(나중에 나이아가라 폭포를 직접 봤는데 이과수와는 또 다른 감동이 있었다).

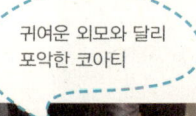
귀여운 외모와 달리 포악한 코아티

폭포들을 둘러본 뒤 점심을 먹기 위해 의자를 찾았다. 주변에 사진으로만 봤던 이과수의 무법자 '코아티 Coatí'가 보인다. 너구리같이 생긴 코아티는 이과수 폭포 주변을 제집 안마당쯤으로 여기는 것 같다. 귀여운 생김

새와 달리 포악한 이 녀석들은 관광객이 주는 음식을 고분고분 받아먹고 살다가 이제는 주객이 전도되어 사람들이 들고 있는 음식을 뺏으려고 공격까지 한다. 봉투 속에 음식이 들어 있는 것을 아는지 봉투만 보면 앞뒤 안 보고 공격 개시. 사람들이 음식을 먹고 있으면 옆에 둔 가방 속까지 뒤진다. 발톱은 또 얼마나 날카로운지, 가방을 뺏기지 않으려다가 긁히는 경우도 다반사다. 이곳 생활에 길들여져 먹이 잡는 능력까지 상실한 코아티, 사람들의 잘못된 행동으로 자생 능력을 잃어버린 것 같아 안타까웠다. 혹시나 이과수 폭포에 가게 된다면 코아티가 아무리 귀여워도 먹이는 주지 마시길.

점심식사를 마치고 다시 처음에 탔던 열차에 올랐다. 이제 대망의 '악마의 목구멍'을 보러 갈 차례였다. 악마의 목구멍 정류장에 내려서 10분쯤 걸었는데, 주변이 너무 잠잠해서 이런 곳에 악마의 목구멍이 있다는 게 실감이 안 났다. 악마의 목구멍, 이름만 들어도 빨려 들어갈 것 같은 느낌이다. 누가 지었는지 정말 이름 한번 잘 지었다. 악마의 목구멍 시작 지점이 시야에 들어오는 순간, 엄청난 습기와 소리가 밀려든다. 기대감이 더 커졌다. 그리고 눈으로 확인해본 악마의 실체는 상상 속 악마보다 훨씬 어마어마했다. 큰 감동 앞에서 아무 말도 할 수 없는 경험을 해봤는가. 악마의 목구멍 앞에서 내 모습이 그랬다. '와!'라는 탄성뿐 다른 말은 생각도 안 나고 할 수도 없었다.

엄청난 물의 양 때문에 제아무리 수생동물이라 할지라도 악마의 목구멍에 들어갔다 나오면 타격이 클 것 같았다. 영화 〈미션〉 도입부를 보면 원주민들에 의해 십자가에 묶인 사제가 이 악마의 목구멍 속으로 떨어지는 장면이 나온다. 영화 포스터로도 쓰인 이 장면은 나에게 꽤 충격적이었는데, 만약 사람이 떨어진다면 뼈도 못 추릴 것 같은 위압감이 든다. 악마의 목구멍 수량은 1초에 6만 톤이라고 한다. 1초에 1톤 트럭 6만 대가 떨어진다고 생각하면 감이 오려나? 이렇게 쓰고 있는 나도 그저 '어마어마하구나!'라는 생각뿐이다.

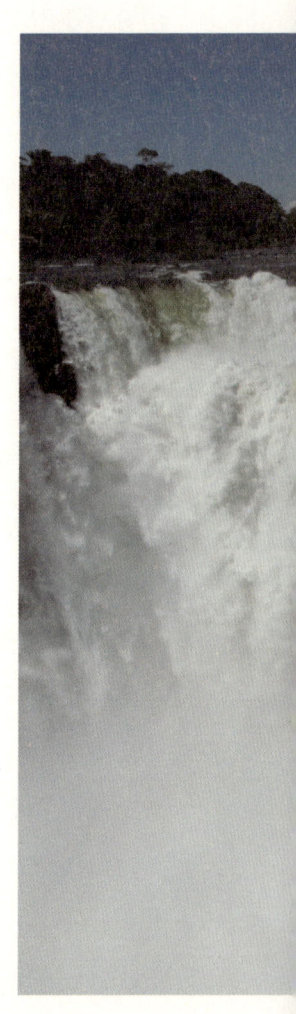

이곳에서는 악마의 목구멍뿐만 아니라 그 반대편에 있는 폭포들도 그림이다. 비가 많이 오면 흙탕물로 변할뿐더러 악마의 목구멍 쪽은 통행을 막아서 보지도 못하고 돌아가야 하는 사태도 종종 있다고 하니 역시 이과수도 날씨 운이 따라주어야 하는 곳이다. '저 악마의 목구멍 아래는 뭐가 있을까?' 슬쩍 궁금해지다가 이내 정신을 차렸다. '악마 이놈이 날 홀리고 있구나!' 어디에선가 본 글인데 30분 이상 악마의 목구멍과 눈을 마주치지 말라고 한다. 그 이유는 악마의 눈과 1분 이상 마주치면 악마가 마음의 근심을 빼앗아가고 10분 마주치면 인생의 시름을 가져가지만, 30분을 마주치면 영혼까지 가져간다고 한다. 실제로 가이드북에도 '정신 분석학적으로 이 정도 거대한 규모의 폭포를 마주하면 폭포 속으로 뛰어들고 싶은 묘한 충동이 든다 하니 주의할 것'이라고 적혀 있으니, 오래 머물지 말기를. 악마의 목구멍을 가만히 들여다보니 "자연도 멋있지만 이런 곳에 전망대를 만든 인간들도 참 대단하다" 하는 생각이 퍼뜩 들었다. 돌아오는 버스 안에서도 이과수의 폭포 소리가 계속 들리는 것 같았다.

악마의 목구멍에서 본 악마 같은 수량

★ Smart Travel 이과수, 야무지게 여행하기

Q 이과수 국립공원 전날 입장 티켓이 있으면 다음날 무료로 입장할 수 있다던데, 사실일까?

이과수 국립공원은 한번 다녀간 여행자가 전날 티켓을 들고 재방문할 경우 입장료를 감면해준다. 이 사실을 알고 있던 나도 전날 이곳을 다녀간 한국인에게 티켓을 받아서 한껏 들뜬 마음으로 국립공원에 갔다. 그러나 혜택은 받지 못했다. 원래는 전날 티켓이 있으면 무료입장이 가능했단다. 그래서 이과수 근처 호스텔에서는 이과수를 다녀온 사람들에게서 티켓을 받아 다음날 이과수에 가는 사람들에게 나눠주는 서비스까지 제공했다고 한다. 꼬리가 길면 잡히게 마련, 이 소식은 이과수 국립공원까지 알려졌다. 국립공원 측이 이를 묵과할 리 만무했다. 결국 사전에 재방문 의사를 밝히고 정보를 입력한 사람에게만 다음날 무료입장 혜택을 주는 시스템으로 바뀌었다. 어쩐지, 내가 전날 티켓과 신분증을 같이 내밀었더니 계속 정보가 없다는 말만 되풀이했다. 국립공원 직원들은 바보가 아니었다.

이과수 폭포 Tip

내가 이과수를 보고 싶었던 때는 따로 있었다. 바로 보름달이 뜰 때. 보름 앞뒤로 이틀씩 '보름달 투어'를 진행한다. 보름달에 비친 이과수 폭포는 정말 환상적이라고 한다. 그런데 나는 이런 투어가 있다는 것을 비행기 티켓을 끊고 나서야 알

영준 오빠가 찍은 보름달 뜬 이과수.
사진만 봐도 너무 멋지다.

왔다. 하필 내가 한국행 비행기를 타는 날이 보름달이 뜨는 날이었고, 아무리 머리를 굴려봐도 뾰족한 수가 없었다. 결국 그냥 이과수 폭포를 보는 것만으로 만족해야만 했다. 만일 남미 여행 중 이과수에 들를 계획이라면 '보름달 투어'에 맞춰 일정을 잡길 바란다. 보름달 투어를 갔다 온 사람들 중에서 별로였다고 말하는 사람은 한 명도 없단다. 그 정도로 좋다는 얘기일 테니 꼭 참고하길 바란다. 남미를 다시 가야 할 이유가 또 하나 생겼다.

삼바와 열정의 나라
브라질 Brazil

6장

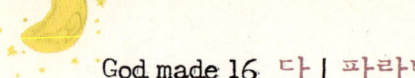

God made 16 달 | 파라티

보름달의 신비를 품은 휴양도시

브라질의 숨어 있는 비경, 아름다운 항구도시 남미 여행이 거의 끝나갈 무렵 우연히 알게 된 '파라티Paraty'. 가이드북에도 거의 소개되지 않은, 그야말로 브라질의 숨겨진 비경이다. 포르투갈의 지배를 받던 17세기의 모습을 그대로 간직하고 있어 '유네스코 세계유산'에 등재된 곳이기도 하다. 애초 가려던 곳은 '쿠리치바Curitiba'였다. 에콰도르에 사는 친구 수영이 강력 추천한 도시인데, 여행 일정이 하루밖에 안 남아서 좀 고민스러웠다(장기 여행이어서 일정을 좀 여유롭게 잡았더니 여행을 다 끝내고도 '하루'라는 시간이 남았다). '생태 환경 도시의 본보기', '지구에서 환경적으로 가장 올바르게 사는 도시'라는 수식어가 따라다니는 쿠리치바를 하루 만에 다 둘러보는 건 무리일 듯싶었다. 그때 우리의 고민을 단번에 날려준 구세주를 만났다. 바로 남미사랑 카페의 '멜라니' 님이다. 우연히 만나 점심까지 함께 먹는 행운을 누렸는데, 그때 파라티를 추천해주셨다. 파라티, 갑자기 몰랐던 보물을 찾은 기분이다.

아르헨티나에서 브라질 상파울루로~

파라티는 해변에 위치한 휴양도시다. 특히 우리를 혹하게 한 것은 보름달이 뜨면 마을에 물이 들어오는데 그때 마을의 모양을 반사시킨다는 말이었다. 집집마다 문들이 형형색색이어서 그때 가면 더 예쁠 거라고 한다. 우리가 한국으로 돌아가는 날짜가 보름달이 뜨는 날인데, 파라티에 가

PARATY - BRASIL

파라티에서 사온 엽서.
이런 모습을 보고 싶었는데……

게 되는 날은 출국 3일 전. 보름달이 며칠 안 남았으니 물이 어느 정도 차지 않을까 하는 기대를 품고 파라티로 정했다. 휴양도시이니 물이 들어오는 것을 보지 못해도 다른 볼거리가 있을 것 같았고, 하루 정도 머물기에 좋을 것 같았다.

일단 지금 있는 곳에서 파라티로 가려면 브라질 상파울루São Paulo로 가야 했다. 그런데 운이 좋게도 세 명이 함께 현금으로 결제하면 아르헨티나의 푸에르토 이과수Puerto Iguazú에서 브라질의 포스 두 이과수Foz do Iguaçu 터미널까지 차로 데려다주고, 그곳에서 상파울루로 가는 버스 티켓까지 싸게 프로모션으로 끊어주겠다는 회사를 찾았다. 주저하지 않고 콜~! 푸에르토 이과수에서 포스 두 이과수까지 어떻게 가야 할지 막막했는데 이렇게 쉽게 가게 되다니 정말 최고였다. 덕분에 국경도 차를 타고 넘게 되었다. 차 안에 편히 앉아 세 명의 여권을 모아서 주니 이미그레이션 확인 도장을 찍어준다. 이때 돌려받은 여권에 스탬프가 찍혀 있는지 꼭 확인해야 한다. 사람이 하는 일이라 실수로 빼먹을 수 있기 때문이다.

포스 두 이과수 터미널은 와이파이도 간간히 잡히는 데가 있었고 유료 샤워시설도 있었다. 우리는 파라티에 도착해 씻으면 되지만, 동행한 오빠는 상파울루에서 바로 한국행 비행기를 타야 했기에 이곳 샤워시설을 이용했다. 포스 두 이과수 터미널을 출발한 버스는 장장 16시간 30분을 달려 상파울루 터미널에 도착했다. 이동 시간은 둘째치고 창문으로 새어드는 바람 때문에 밤새 오들오들 떨었다. 껴입을 옷이 있었기에 망정이지, 없었으면 추위에 엄청 고생했을 것이다. 더운 나라라고 얇은 옷을 입고 버스에 탔다가는 큰코다친다.

상파울로 터미널에 도착하자마자 우리는 서둘러 파라티행 버스를 알아보았다. 아, 에스파냐어는 가뜩이나 어려운데 브라질은 포르투갈어를 써서 더 못 알아듣겠다. 우리는 '파라티'라고 쓰인 부스를 찾아 터미널 안을 이리저리 뺑뺑 돌았다. 어째 좀 이상하다. 파라티는 둘째치고 '리우데자네이루'라고 적힌 부스도 보이지 않는다. 결국 안내소에 가서 물어보니 영어로 쓴 쪽지 하나를 건넨다. 포르투갈어를 못하는 여행자를 위해 아예 프린트해놓은 듯했다. 쪽지에는 '지하철을 타고 어디어디를 거쳐 치에테Tietê 터미널로 가세요'라고 적혀 있었다(상파울루에는 장거리 버스 터미널이 세 군데나 있다). 상파울루 방문은 예정에도 없었고 치안도 안 좋다는 소리를 들었

파라티는 투피족 언어로 '물고기의 강'이라는 뜻

던 터라 지하철 타는 게 걱정되었다. 게다가 여기서부터는 지금까지 함께 여행한 한국인 오빠와도 헤어져야 했다. 우리는 정신을 바짝 차리고 지하철에 올랐다. 짐이 많아 신경이 쓰였는데 그나마 러시아워가 아니어서 다행이었다.

    브라질 지하철은 내리는 문과 타는 문이 따로 있었다. 규모가 조금 큰 역에서는 내리는 문이 먼저 열리고 타는 문이 반대편에서 열렸다. 우리는 '세Sé' 역에서 갈아탔는데 마침 치에테 터미널로 가는 모녀를 만났다. 딸이 영어를 해서 대화하기가 쉬웠는데 어찌나 친절하던지……. 자기를 따라오라고 하더니 파라티 가는 터미널 부스까지 데려다주었다. 너무 고마워서 500원짜리 동전을 기념으로 주었더니 무척 좋아하며 목걸이로 만들어 보관하겠단다.

파라티행 버스는 하루에 네 번 있었다. 오후 4시 버스를 타면 '딱이다' 싶었는데 좌석이 하나밖에 없단다. 그다음 시간은 밤 10시, 선택의 여지가 없어 두 자리를 예약했다. 이곳에서 파라티까지는 5시간 정도가 걸린다고 하니, 도착하면 새벽 3시쯤 된다. 파라티는 그나마 치안이 괜찮다는 말을 들었기에 일단 질러보기로! 표를 끊고 시계를 보니 12시 30분, 버스 출발 시간까지 9시간 30분이 남았다. 버스 타고 이동하면서 시간을 보내는 데는 이력이 났는데, 한 곳에서 특별한 일정 없이 9시간 30분을 보내야 한다니 막막하다. 어디로 갈지 생각하며 주위를 둘러보는데 아까 만났던 그 모녀가 보였다. 아주머니가 "도와줄 건 없니? 셰이크 한잔 할래?"라고 물으신다. "와~ 좋아요!" 잠시 뒤 아주머니가 오셔서 "아이스크림이 없어서 셰이크는 안 된다는데, 뭐 먹을래?"라고 다시 물으신다. 무슨 말을 해야 할지 몰라 어물거리고 있으니까 옆에서 딸이 "나는 프렌치프라이 먹을 건데, 너넨 뭐 먹을래?"라고 묻는다. "그럼, 우리도 프렌치프라이~!" 우리는 아주머니가 사오신 콜라와 프렌치프라이를 먹으며 이런저런 이야기를 나누었다. 아주머니는 "브라질은 위험하니까 사람 조심해!"라고 신신당부하셨다. 그러고는 이리저리 사방을 둘러보다가 제일 멀쩡하게 생긴 남자를 가리키며 "도움 청할 거 있으면 쟤한테 말해~"라고 하셨다. 그 모녀는 오후 1시 10분에 출발하는 버스라서 우리와 30분 정도 함께 있었다. 지금도 이분들과 SNS로 연락하면서 지낸다. 언제 또 브라질 놀러올 거냐고 물으시기에 나도 '한국에 한번 놀러오세요~'라고 했더니 너무 멀단다. SNS에 접속해 있으면 잊지 않고 안부를 물어오는 모녀, 상파울루에서 만난 너무도 귀한 인연이다.

다시 나와 친구, 둘만 남았다. 짐도 무겁고 날씨도 덥고, 게다가 상파울루는 위험하다는 선입견까지 있어 그냥 터미널 안에서 시간을 보내기로 했다. '와이파이 되는 카페에 들어가 시간 때우면 딱 좋은데…….' 하지만 터미널 안에는 카페도 하나밖에 없고, 와이파이 신호도 안 잡혔다.

새벽에 도착한 파라티

거의 9시간을 기다려 파라티행 버스에 탑승했다. 그런데 최종 목적지가 파라티가 아니었다. 파라티에 도착할 때까지 버스 안에서 자려고 했는데, 계획 변경! 정신 차리고 있다가 '파라티'라고 하면 알아서 내려야 했다. 우리는 자다 깨다를 반복하면서 파라티에 도착했다. 여기서 또 계획이 틀어졌다. '터미널에서 4시간만 버티면 아침 7시가 되니까 그때 호스텔을 잡자'는 게 원래 계획이었는데, 파라티 터미널 상황이 받쳐주지 않았다. 워낙 작은 데다 실내 터미널도 아니었고, 벤치는 이미 노숙자들의 차지였다.

우리는 배낭을 메고 움직이기 시작했다. 마을의 중심부인 광장 같은 곳에 가니 술을 마시는 아저씨 두 명이 있었다. 호스텔을 찾고 있다는 말에 한 아저씨가 친절하게 알려주었다. 그러나 한밤중이어서 그런지 그곳은 아예 문도 안 열어주었다. 그러자 아저씨가 다른 호스텔을 소개해주겠다며 다시 앞장서더니 어떤 유리문 앞에서 벨을 눌렀다. 이번에도 안 열어주면 어쩌나 싶었는데 3분 후쯤 안에서 사람이 나왔다. 아! 진짜 너무 고마웠다. 여기까지 안내해준 아저씨도 고마웠고, 자다 일어나 우리를 받아준 호스텔 직원도 너무 고마웠다. 게다가 방값도 너무 쌌다(4인실을 우리 둘에게 주었다). 와이파이도 말로는 1층 로비에서만 잡힌다고 했지만 방에서도 잘 잡혔다. 우리는 부모님에게 연락도 하고 친구와 메신저도 하다가 동트는 것을 보고서야 잠이 들었다. 새벽 5시 넘어 잤는데 9시에 눈이 떠졌다. 이과수에서 폭포수 맞은 뒤로 쭉 못 씻다가 씻으니 몸이 날아갈 듯 상쾌했다.

아침을 먹고 리셉션에 가서 파라티에 물이 들어온 사진을 보여주며 이 풍경을 볼 수 있냐고 물었다. 그런데 돌아오는 대답은 '보름달 뜰 때 하루! 한 달에 하루만 그 풍경을 볼 수 있다'고 한다. '혹시나' 했는데 '역시나'구나. 우리는 먼저 터미널로 가서 다음날 출발하는 리우데자네이루행 버스표를 산 다음 마을을 천천히 돌아다녔다. 휴양지답게 가게마다 수영복과 튜브를 팔고 있었는데, 우리나라 휴가철 풍경이라 친근하게 느껴졌다. 강렬한 태양 탓에 조금만 걸어도 땀이 흘러내렸다. 나는 더위도 식힐 겸 '레드불' 음료를 하나 사 마셨다. 우리나라에 들어오는 레드불은 카페인 수치를 낮춘 것이라고 해서 해외에서 꼭 먹어보고 싶었는데, 여기서 소원성취했다. 레드불을 마시면서 마을을 한 바퀴 돌다가 더위도 너무 더워서 다시 호스텔로 돌아왔다.

마을에는 물이 찼던 흔적만 보인다. 정말 보름달이 뜨는 단 하루만

물이 찼던 흔적만
보이는 마을

물이 차는지 지금은 전혀 그 모습이 안 보인다. '보고 가면 진짜 좋을 텐데…….' 너무 더워서 호스텔 침대에 누워 있는 게 제일 시원했다. 선풍기 바람에 잠이 솔솔~(레드불은 왜 먹은거니?) 3시간만 잘 생각이었는데 눈떠 보니 4시간이 후딱 지났다. 해가 떨어지니 기온도 좀 내려가서 돌아다닐 만했다. 저녁식사는 슈퍼에서 사온 달걀과 쌀로 해결하고, 파라티에서의 마지막 밤을 산책하면서 보냈다.

어쩌다 오게 된 파라티에서 우리는 잠시나마 소매치기 노이로제에서 벗어나 여유롭게 거닐 수 있었다. 비록 눈으로 직접 보지는 못했지만 그래

휴양도시답게
예쁜 파라티

도 보름달이 비추는 '물 찬 파라티'를 상상할 수 있어 좋았다. '멜라니' 님을 '우연히' 만나 '우연히' 오게 된 파라티! 파라티에 오게 된 건 우연이 아니라 필연이었을 거야~.

★ Smart Travel 파라티, 야무지게 여행하기

Q 물이 찬 파라티는 언제 볼 수 있을까?

한 달에 단 하루, 보름달이 뜨는 날이면 바닷물이 마을 깊숙이 밀려온다. 환한 보름달이 집들을 비추면 그 모습이 그대로 물에 반사되어 환상적인 그림을 연출한다. 게다가 이곳의 집들은 거의 하얀색, 문과 창문만 원색으로 포인트를 주었다. 파란색, 빨간색, 노란색 등이 물에 비친 모습을 보고 싶다면 보름달 뜨는 날에 꼭 가기를!

상파울로 버스 터미널 Tip

브라질, 아니 남미 최대 도시 상파울로에는 버스 터미널이 세 군데 있다. 바하푼다 Barra Funda, 자바콰라 Jabaquara, 그리고 치에테. 파라티로 가는 버스는 치에테 버스 터미널에서 탈 수 있는데, 이곳 역시 규모 면에서 엄청나다. 지하철 1호선(파란선) 포르투게자 치에테 Portuguesa Tietê 역에 내려 터미널 2층으로 올라가면 버스 티켓을 끊을 수 있다. 한 가지 주의할 점은 인구 천만 명이 넘는 대도시답게 소매치기가 극성을 부린다는 것, 아무래도 짐이 많은 여행자는 그들의 집중 타깃이 될 수 있으니 각별히 주의해야 한다. 세계 어디를 가나 유명 관광지는 눈뜨고 코 베일 수 있다.

God made 속에서 빛나는 Man made 2
리우의 상징물, 거대 예수상

세계 7대 불가사의에 선정된 것 자체가 불가사의

　남미 여행에서 꼭 보고 싶었던 리스트 중 하나는 리우데자네이루(이하 '리우'로 표기)의 '예수상 Cristo Redentor'이었다. 영화 〈분노의 질주〉에서 처음 보고 한눈에 빠져들었다. 공중에서 촬영한 리우의 모습이 비치면서 엄청나게 큰 예수 동상이 등장하는데, 마치 예수가 언덕 위에 서서 두 팔을 벌려 마을을 품고 있는 듯했다. '어머, 저긴 어디야? 저런 곳이 있다니!' 집에 와서 검색해보니 그곳은 브라질 삼바 축제가 열리는 리우이며, 그 동상은 '신新 세계 7대 불가사의'에 속한다고 했다.

　나는 남미 여행을 준비하면서 주저 없이 리우를 일정에 넣었다. 세계에서 가장 높은 곳에 있으면서 리우가 한눈에 내려다보이는 곳에 위치한 거대 예수상, 당연히 리우와 브라질의 랜드마크로 불리기에 손색이 없었다. 그런데 세계 7대 불가사의에 오를 만큼 불가사의하지 않은데 어떻게 선정되었는지 궁금했다. 역시나, 7대 불가사의를 인터넷 투표로 선정했는

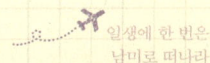

구름의 심한 이동으로 얼굴을 보기 힘들었던 예수상

데 브라질은 인구도 많은 데다 한 명이 여러 개의 IP 주소를 사용할 수 있어서 가능했단다. 어쨌든 지금은 새로운 세계 7대 불가사의에 당당히 이름을 올려 '만리장성'과 어깨를 나란히 하고 있는 거대 예수상, 그 얼굴 한번 보기 참 힘들다.

> 팡 데 아수카르에서 보이는 리우의 모습

아쉽지만 시내 투어로 만족

　리우를 양팔로 감싸고 있는 듯한 이 동상은 코르코바도 언덕Morro do Corcovado에 자리 잡고 있다. 그런데 이곳은 구름의 흐름이 어찌나 빠른지, 구름 한 점 없이 맑은 날 코르코바도 언덕에 올라간다면 정말 운이 좋은 사람이다. 내가 갔을 때는 날이 맑아서 잔뜩 기대하고 올라갔는데 고새 구름에 쌓여 보이지 않았다. 동상 밑에는 얼굴 한번 보고 가겠다며 기다리는

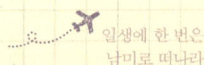

사람들로 장사진을 이루었다. 이런 마음을 아는지 모르는지 예수상은 잠깐 얼굴을 보여줬다가 금세 구름 속으로 사라졌다. 한 20분쯤 기다렸다가 3분 정도 본 것 같다. 우리는 각자 사진 한 컷씩 찍고 아쉬움을 뒤로한 채 내려왔다.

 리우 시내를 돌아본 뒤 해질녘에 '팡 데 아수카르Pão de Açúcar'에 올랐다. 영어로는 '슈거로프Sugar Loaf'라 불리는 이 산은 코르코바도 언덕과 함께 리우에서 꼭 가봐야 할 명소로 꼽히는 곳이다. 팡 데 아수카르에서는 세계 3대 미항에 속하는 리우 항구의 모습이 다 보이며, 야경도 예쁘기 때문에 사람들이 많이 찾는다. 날이 좋으면 멀리 있는 예수상이 한눈에 들어올 텐데 팡 데 아수카르에 올라갈 때까지 예수상 주변의 구름은 걷히지 않았다. 날이 어두워지니 예수상에 조명이 켜졌고, 구름 속에서 보이는 빛만이 예수상이 어디쯤에 있는지를 알려줄 뿐이었다. 미항답게 높은 곳에서 내려다보는 리우의 모습은 정말 예뻤다. 특히 하나둘 불빛이 켜지면서 모습을 드러낸 리우의 야경은 장관이었다. 오래 보지 못해 아쉬웠지만 짧게라도 봤으니 다행이다. 리우는 시내 교통이 불편하고 날씨도 더워 패키지로 시내 투어를 했더니 여유시간이 없

거대한 크기로 멀리서 봐도 보이는 예수상

코파카바나 해변

었다. 시간이 넉넉지 않은 상황에서는 시내 투어도 할 만하다. 개인적으로 다니면 짧은 시간에 여러 곳을 다니기 힘들었을 테니까.

    이렇게 리우를 마지막으로 3개월간의 배낭여행도 끝이 났다. 비록 날씨가 안 좋아서 예수상을 제대로 보진 못했지만 다른 게 좋았으니 대체로 만족스럽다. 더욱이 맨 메이드보다 더 멋진 '갓 메이드'를 보러 다닐 때는 날씨 운이 좋았기 때문에 이번 남미 여행은 대만족이다.

    Thank you, GOD!

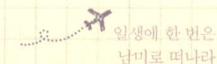

맺음말

단언컨대, 갓 메이드가 있는 한 여행은 계속된다

여행이 끝났다. 책 쓰기도 끝났다. 책을 쓰는 내내 너무 설렜다. 여행 때의 느낌들이 떠올라서 설렜고, 그 느낌들이 책으로 출판될 생각을 하니 또 한 번 설렜다. 이 책 머리말에 써놓은 것처럼 나는 '남미앓이'를 하고 있었다. 누군가 말했다. 여행을 다녀온 후 일상에서의 원동력은 '그리움'이라고, 그 그리움으로 살아가는 거라고…….

이 책을 읽고 얼마나 많은 사람들이 '남미'의 신비와 '갓 메이드'의 아름다움에 빠져들지 모르겠다. 부족한 경험과 표현력으로 온 힘을 쏟았지만 여전히 여러 모로 미흡할 것이다. 하지만 이 말만은 하고 싶다.

"단언컨대, 갓 메이드는 맨 메이드 그 이상의 감동입니다!"

나는 앞으로도 갓 메이드를 찾아 떠나는 여행을 계속할 것이다. 오로라를 보러 캐나다 옐로나이프로, 야생동물들을 만나러 아프리카 케냐로,

그리고 백야를 경험하기 위해 핀란드로 가고 싶다.

영국의 시인 워즈워스는 우리 영혼에 유익한 감정들을 느끼기 위해 풍경 속을 돌아다녀보라고 권했다. 이 말을 떠올린 프랑스의 작가 알랭 드 보통은 작아진 느낌을 얻기 위해 사막으로 출발했다. 그는 스스로 작다는 느낌을 받는 것은 불쾌한 일이지만, 자신이 작다는 느낌이 만족스러울 때도 있다고 했다. 진짜 풍경이 아니더라도 그 모습을 담아낸 그림 앞에라도 서본 사람이라면 이 말의 의미가 무엇을 의미하는지 알 것이라고도 했다. 그런 그가 질문을 던졌다. '그런 황량하고 압도적인 공간들이 우리에게 어떤 영향을 주는가?'

나는 이 분들과 '갓 메이드'에 공감하게 되었다는 생각이 든다. 그리고 이 책을 읽는 분들과도 공감하고 싶다.

사실, 출간을 염두에 두고 남미 여행을 갔던 것은 아니었다. 사진을 찍은 것도, 여행 일기를 쓴 것도 다 내 블로그에 올려 많은 사람들과 남미에서의 경험을 공유하고 싶었을 뿐이다. 하지만 이 자료들이 이 책의 밑그림이 돼주었다. 특히 매일매일, 빠트리더라도 3일 안에는 꼭 썼던 여행 일기가 도움이 많이 됐다.

여행을 꿈꾸거나 준비 중인 사람이 있다면 세 가지 당부를 하고 싶다. 첫째 써라, 둘째 찍어라, 셋째 공부해라. 사람이다 보니 잘 잊는다. 이때 사진과 글이 기억을 되살리는 데 도움이 된다. '아~, 그때 그랬었지!' 하고. 나 역시 억지로라도 A4 한 가득 썼던 일기를 보면서 '아, 이런 일도 있었지!' 하고 그날의 감동을 되살린다. 처음 간 여행에서 너무 쓸 말이 없어 A4 절반 정도만 쓴 날이 있었는데, 나중에 보니 내 머리는 정말 A4 절반만큼만 기억하고 있었다. 기억하고 싶은 만큼 A4를 채워라. 그리고 여행 중에 들은 말들은 휴대전화 메모장에 꼭 적어라.

어떤 사람들은 '눈에 담기도 바쁜데 사진 찍을 시간이 어디 있냐고' 할지도 모르겠다. 하지만 난 눈에 담을 시간을 조금 빼서 사진으로 남기라고 꼭 권해주고 싶다. 블로거 '뱌뱌뱌' 님이 '그날 먹었던 물도 찍어라'라고 말했던 게 참 인상 깊었다. 뱌뱌뱌 님이 "여행 중에 사진을 많이 찍었다고 생각했는데 인도 여행 후 보니 매일 먹었던 커리 사진이 없더라"라고 했을 때 완전 공감했다. 그러고 보니 나도 페루에서 마신 잉카 콜라 사진이 없다(다행히 여행 초반에 잉카 콜라를 마시던 사진 한 장이 휴대전화에 저장돼 있었다). 사진을 많이 찍는다고 찍었는데도 여행에서 돌아와 보면 '이것밖에 안 찍었나?' 하는 생각이 들 때가 많다. 아마 눈에 담았던 모습보다 사진이 덜 예뻐서 '더 좋은 사진이 있을 텐데……' 하는 마음에 그런 생각이 들 수도 있을 것이다. 또는 그 당시에는 지겹도록 셔터를 눌러서 1000장은 족히 찍었을 거라고 여겼는데 집에 와서 컴퓨터 화면에 띄워놓고 보니 예상했던 것보다 사진 수가 적어서 그런 생각이 들 수도 있을 것이다. 좀 심하다 싶을 정도로 사진을 많이 찍어놓아야 나중에 보고 추억할 거리도 많다. 여하튼 사진은 꼭 찍자. 그날 먹은 물이라도!

마지막으로, 여행할 곳에 대해 미리 공부하자. 여행은 아는 만큼 보인다. 내 경우 공부를 안 해서 마추픽추의 '망지기 집'을 놓쳤다. 반대로 공부를 해서(와이나픽추는 점심때 날이 갠다는 정보 입수) 구름 걷힌 마추픽추를 보고 내려올 수 있었다. 여행가기 전에 꼭 많이 공부해서 아는 만큼 보고, 그 이상을 느끼고 돌아왔으면 좋겠다.

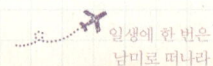

3개월의 남미 여행을 돌아보니 고마운 분들이 참 많다. 이분들이 아니었다면 지금 같은 결과를 얻지 못했을 것이다.

첫 번째, 하나님. 여행 내내 안전하게 지켜주시고, 좋은 거 먹여주시고, 보여주시고, 그 감동을 책으로까지 낼 수 있게 해주신 당신이 최고입니다. 사랑합니다.

두 번째, 부모님. 여행 다니면서 제일 많이 들었던 질문 중 하나가 "부모님이 반대 안 하셨어요?"이다. "네~, 부모님께서 흔쾌히 보내주셨어요"라고 대답하긴 했지만 어찌 흔쾌히 보내주셨겠는가. 나 역시 내 딸이 3개월 동안 남미로 배낭여행을 간다면 걱정할 것 같은데……. 아마 속으로는 많이 걱정하셨겠지만 겉으로는 반대 한 번 안 하신 부모님, 고맙습니다.

여행 후 엄마한테 물었다.

"엄마! 엄마는 어떻게 나 여행 보냈어? 걱정 안 됐어?"

"나중에 '엄마 때문에 못 갔었잖아' 하는 원망 듣기 싫어 보냈다, 왜!"

세 번째, 지영. 여자 둘이서 여행하면 돌아와서 연락 안 하고 지내는 사람이 십중팔구라던데 우리는 아직도 제일 친한 친구다. 다이놀핀이 마구 분비되는 그 순간을 누군가와 함께 경험했다는 것, 그것도 제일 친한 친구였다는 것은 내겐 참 행운이다. 고마워, 지영아~.

네 번째, 수영. 남미 여행을 결심하는 데 큰 역할을 했던 친구다. 수영이 알려줬던 생활 에스파냐어들도 여행을 수월하게 해주는 데 한몫했다. 가장 기억에 남는 문장은 "쎄뇨르~ 야빠 뽀르 빠보르 *Señor~ yapa por favor*"이다. "아저씨~ 덤으로 좀 더 얹어주세요"라는 의미다. 이 말을 콧소리 가득 섞어서 하면 좋아할 거라고 했는데, 진짜로 웬만한 '쎄뇨르'들은 다 넘어왔다. 에콰도르에서 한 달 동안 여행 가이드 해주랴, 먹이랴 바빴던 수영아, 무챠스 그라시아스 Muchas gracias(무척 고마워).

다섯 번째, 끌리는책. 이름처럼 끌려서 원고를 보냈는데, 의욕만 넘치는 풋내기의 여행기를 좋게 봐주시고 흔쾌히 출판을 허락해주신 대표님과 부장님, 감사합니다.

트레킹이 많은 남미 여행은 아무래도 체력 소모가 많아 '핼쑥해져서 돌아오겠지'라고 생각했는데 오히려 5킬로그램이나 쪄서 왔다. 3개월 동안 남미 속 갓 메이드를 찾아다니면서 몸무게뿐만 아니라 내 마음의 살도 쪘다. 고마워, 남미~.

I love South America.

일생에 한 번은 남미로 떠나라